Ce journal APPARTIENT à ....

Introduction

Chère Sœurcière,

Te voilà prête à débuter une nouvelle année enchantée avec cet agenda à tes côtés. Maintenant, il est temps de te reconnecter à ton pouvoir personnel pour révéler ta magie et la mettre au service de tes projets de vie.

Je crois qu'en chaque femme réside une étincelle de magie, une part d'elle bien trop souvent endormie, cachée, oubliée et qui ne demande qu'à s'éveiller. Ensemble, nous allons parcourir la roue de l'année des sorcières pour que tu puisses réveiller cette magie ancestrale enfouie au plus profond de tes entrailles et incarner pleinement la femme que tu es appelée à être.

Guérisseuse, magicienne, passeuse, guerrière, prêtresse, enseignante, initiatrice, les sorcières sont de celles qui ouvrent la voie, explorent, expérimentent, apprennent et transmettent à leur tour. Elles savent que la magie est partout et, surtout, qu'elle sommeille en chacune de nous. Sorcière des temps modernes, tu es appelée à ton tour à mieux te connaître, à prendre soin de ton esprit et de ton corps pour révéler ta puissance intérieure, affirmer ta vraie nature et entreprendre ainsi sereinement et en confiance les projets qui te tiennent à cœur.

Au programme ? Une année à vivre au rythme des célébrations des sabbats, bercée par les énergies astrales et en pratiquant chaque semaine des rituels simples et efficaces pour réenchanter ta vie. Idéal pour apprendre à voir la magie dans tous les petits détails du quotidien et à l'activer avec agilité dès que tu en ressens le besoin.

Dans cet agenda, tu trouveras tout ce dont tu as besoin pour te lancer et pratiquer. C'est en lui-même un objet enchanté, car je l'ai scellé avec un sigil, un sceau magique, que j'ai créé spécifiquement pour lui.

Pour activer sa magie et avant d'aller plus loin, rien de mieux qu'une première incantation pour commencer cette année de transformation. Tiens fermement cet agenda entre tes mains, prends une belle et grande inspiration et répète à voix haute :

« Sorcière d'hier et d'aujourd'hui, illimitée est ma magie ! »

Sorcellerie, mode d'emploi

J'aime à dire que la sorcellerie est l'art de pratiquer la magie. Une magie ancestrale, sacrée et secrète qui se vit au rythme des saisons dans le respect de la nature, des êtres vivants qui la composent et de ce qui œuvre subtilement à nos côtés.
La sorcellerie n'est pas une religion, c'est une façon d'être et d'agir au quotidien qui se veut laïque et qui peut être associée à des croyances spirituelles et des pratiques religieuses. Les deux ne sont pas antinomiques et se veulent, bien au contraire, complémentaires. Chacune d'entre nous est alors invitée à trouver sa propre voie et la meilleure façon pour elle d'exercer son art au service de son mieux-être et de ses projets de vie, en contribuant avec le cœur au monde d'aujourd'hui. D'ailleurs, je crois fermement qu'il existe autant de façons de pratiquer la sorcellerie qu'il y a de sorcières et de sorciers.

Jolie magie

À mon sens, la magie est le résultat d'une subtile équation : une intention positive posée avec clarté et justesse + de l'énergie issue de notre propre fréquence vibratoire, et je veux dire par là notre signature unique, tête, corps et cœur + un catalyseur, c'est-à-dire un moyen de manifestation ; ce peut être une incantation, les mains jointes en prière, un chant, un papier qui brûle, une bougie allumée, etc.
La magie n'a rien de surnaturel ou de paranormal. Au contraire, elle est naturelle, subtile et bien souvent invisible, mais pour autant bien là, ici et maintenant. Elle est dans le bruissement des feuilles des arbres quand vous posez une question à l'Univers, dans une plume qui se pose délicatement à vos pieds, dans les rencontres fortuites, etc. Concrètement, ce que j'appelle magie est votre beauté : votre personnalité, vos parts d'ombre et de lumière, vos belles actions et vos douces intentions. Tout ce que vous vivez, pensez et faites pour enchanter votre vie et le monde.

Pratiquer la magie, c'est aussi :

- apprendre à se connaître pour découvrir notre pouvoir personnel, nos talents, notre magie ;
- développer ses connaissances pour mieux appréhender l'art de la sorcellerie ;
- prendre soin de la nature et de tous les êtres vivants qui la peuplent ;
- vivre en harmonie avec le cycle perpétuel des saisons et notre propre cyclicité ;
- poser des intentions positives pour soutenir notre énergie créatrice au service de nos projets de vie ;
- choisir ses mots pour guérir et soutenir les personnes qui nous entourent, à commencer par nous-même ;
- cueillir des plantes et des fleurs à faire sécher dans son jardin, sur son balcon ou que l'on aura glanées dans un parc pour fabriquer nos élixirs, nos potions et nos bâtons de fumigation (p. 157) ;
- avoir toujours dans son sac à main un gri-gri comme une pierre ou une rune pour se porter chance ;
- enchanter des objets du quotidien et invoquer la magie de nos allié·e·s pour se sentir soutenue ;
- jeter des sorts pour se libérer de relations toxiques ou bien encore attirer l'abondance et la prospérité ;
- réaliser des cérémonies pour fêter les sabbats (fêtes solaires, voir p. 28), les esbats (fêtes lunaires, voir p. 29) et recharger durablement notre magie…

Bref, c'est définir avec clarté sa vision, poser des intentions et les manifester au quotidien par des rituels emplis d'amour, de bienveillance et de compassion.

Maintenant, il ne vous reste plus qu'à vous laisser guider pour commencer votre initiation et pratiquer régulièrement des rituels et des cérémonies au fil des saisons.

Sorcières d'hier et d'aujourd'hui

Et si la sorcière n'était pas cette vieille femme, aussi terrible que laide, qui peuple nos imaginaires ? Depuis toujours, la sorcière est blâmée, chassée, malmenée, tournée en ridicule. Ne serait-il pas temps de rétablir la vérité et de lui rendre son pouvoir ? Un héritage magique qu'il est temps de nous réapproprier pour le mettre au service de notre mieux-être et de celui du monde. Il y a toujours eu et il y aura toujours des sorcières, ne sommes-nous pas les petites-filles de celles qui n'ont pas été brûlées, après tout ?

Il était une fois…

Sages-femmes, guérisseuses, les sorcières sont depuis la nuit des temps de celles qui prennent soin de leur communauté. Présentes lors des accouchements, prodiguant des remèdes en cas de maladie et accompagnant les fins de vie, elles ont d'abord été respectées avant de connaître une plus sombre destinée.

C'est en particulier à la fin du Moyen Âge (XVe siècle), et à l'occasion de la publication du *Malleus Maleficarum*, sorte de manuel condamnant la sorcellerie (plus précisément les *femmes* pratiquant la magie), qu'est sonné le début de la chasse aux sorcières en Europe. Ce sont près de 100 000 femmes qui seront persécutées et tuées, et tant d'autres qui ont vécu dans la peur toutes ces années. Toutes ne pratiquaient pas la magie. Leur crime était souvent d'être veuves, marginales, bref, de ne pas être sous une tutelle patriarcale.

C'est seulement à la fin du XVIIe siècle que les bûchers cessent progressivement d'être allumés. Avec l'essor de la médecine, pratique réservée exclusivement aux hommes, les femmes perdent peu à peu leur place de guérisseuse et leur importance dans la communauté.

Au XXe siècle, la sorcellerie est popularisée grâce à certains mouvements hippies et à l'émergence de la Wicca (mouvement religieux sorcier) portée par Gerald Gardner. Authentique, libre, indépendante et spirituelle, la figure de la sorcière est utilisée pour promouvoir un retour plus sain et serein à la nature. Plus tard et au rythme de l'évolution de la femme dans la société, la sorcière devient une figure emblématique de nombreux mouvements écoféministes et féministes spirituels, un symbole subversif, un archétype à incarner. La voix des femmes s'élève pour porter haut et fort nos droits et améliorer chaque jour notre condition. En parallèle, la littérature et le cinéma réenchantent et modernisent l'histoire des sorcières grâce à des séries, des films et des livres comme *Ma sorcière bien aimée*, *Charmed*,

MON CAHIER 2022

RÉVEILLEZ LA SORCIÈRE QUI EST EN VOUS !

CAROLINE CRESSOT

ILLUSTRATION DE COUVERTURE : ISABELLE MAROGER

SOLAR EDITIONS

Hocus Pocus, *Les Ensorceleuses*, la saga *Harry Potter* et plus récemment *Les Nouvelles Aventures de Sabrina*. La figure de la sorcière se fait plus moderne en jouant avec les codes de notre société actuelle. Belle, naturelle, créative, agile et toujours aussi indépendante car libérée du joug patriarcal, elle est symbole d'ingéniosité, de force et de puissance.

Au rythme de l'émancipation des femmes, le mythe de la sorcière nourrit aujourd'hui nos quotidiens et nos aspirations. Pour pratiquer sereinement et efficacement la magie, il nous faut alors prendre soin de notre propre écologie intérieure, c'est-à-dire de nos pensées, de notre corps et de notre cœur.
Être sorcière, c'est pratiquer l'art de la magie et aussi la manifester dans chacune de nos actions et de nos relations au quotidien. Audacieuse et authentique, la sorcière qui sommeille en vous n'attend que de se réveiller pour que vous puissiez enfin prendre votre place dans le monde, contribuer à son réenchantement et avancer sereinement et en confiance sur votre chemin de beauté.

Je prends ma place

Aujourd'hui, réveiller la sorcière en soi, c'est un travail impliquant, confrontant mais ouvert aux possibles. C'est manifester sa beauté et sa singularité. Pour cela, il faut apprendre à se connaître, à révéler sa lumière et à embrasser sa part d'ombre. C'est accueillir aussi bien sa vulnérabilité, sa force comme sa puissance. Être libre et souveraine en sa demeure intérieure, voilà l'un des pouvoirs de la sorcière moderne.

Je participe au réenchantement du monde

Révéler sa magie, l'incarner au quotidien et prendre sa place de sorcière dans notre société moderne, est un acte militant. Libérée des injonctions sociétales, sociales et familiales, c'est découvrir en soi un pouvoir illimité et le mettre au service du monde et de ses projets personnels avec sens et en conscience. Il n'est plus question de rester cachée et de laisser les discriminations en tout genre nous contraindre à nous occuper exclusivement de notre foyer. Aujourd'hui, nous sommes appelées à reprendre nos actions militantes, à prendre soin de la terre et du vivant, à évoluer sur des postes de direction dans les entreprises et les institutions, à créer des entreprises responsables, à transmettre des valeurs humanistes et inclusives à nos enfants. C'est en osant incarner pleinement notre magie que nous contribuerons à réenchanter le monde. Pour cela, il nous faut à la fois revenir aux sagesses

ancestrales et les transposer dans notre époque en mêlant harmonieusement les enseignements de celles et ceux qui nous ont précédés aux codes sociétaux actuels pour créer nos propres traditions.
Et si l'on peut penser, à tort, que les sorcières ont exclu les hommes de leur monde enchanté, soyez assurée qu'au contraire, elles sont ravies d'accueillir dans leur cercle ceux qui souhaitent s'initier. Elles ont compris depuis bien longtemps que le monde est fait de polarités et qu'il est grand temps de les réconcilier. Ying et yang, féminin et masculin, ombre et lumière… Leur magie est inclusive et, en cela, ô combien puissante et libératrice.

J'avance sur mon chemin de beauté

Un autre pouvoir de la sorcière ? Celui de la transformation. Elle sait s'adapter, identifier, valoriser ses ressources personnelles et les utiliser dès que c'est nécessaire.
Elle apprend, elle expérimente, elle réussit et, oui, parfois, elle échoue. Des échecs dont elle sait tirer les enseignements pour mieux rebondir et avancer, toujours avancer. D'ailleurs, bien plus que de nouvelles connaissances à engranger, cet agenda est une invitation à mettre en pratique votre art magique. Ici et maintenant. Un jour après l'autre. Une transformation au rythme des saisons. Loin de suivre une voie toute tracée, la sorcière est de celles qui explorent pour trouver leur voie personnelle.

Les différentes façons de pratiquer la magie

En magie, comme pour beaucoup de chose dans la vie, il n'y a pas de voie unique. C'est là aussi une des richesses de la sorcellerie. Quelles que soient vos croyances, vos traditions, votre lieu de vie, votre spiritualité, vous trouverez toujours une possibilité pour faire vivre avec justesse et générosité votre magie. Soyez cependant toujours respectueuse des pratiques et des pratiquant·e·s que vous rencontrerez au cours de votre cheminement personnel. Curiosité, bienveillance et respect sont des valeurs importantes pour les sorcières.
Pour vous accompagner dans votre exploration, voici une liste non exhaustive des différentes typologies de magie qui sont les plus répandues aujourd'hui.

Magie astrale : la tête tournée vers les étoiles, vous êtes de celles qui aiment décrypter et raconter ce qui se passe là-haut dans le ciel. Vous vous amusez à deviner les signes astrologiques des personnes qui vous entourent et vous commencez toujours à lire votre journal par la fin pour découvrir votre horoscope du jour. En soirée, vous pouvez facilement glisser une anecdote à votre crush sur Mercure qui rétrograde ou bien encore faire sensation en désignant les constellations. Votre thème astral n'a plus aucun secret pour vous et vous pratiquez vos rituels au rythme des cycles de la Lune, du Soleil et des mouvements planétaires…

Magie élémentaire : en ville ou en forêt, vous êtes à l'aise dans tous les environnements car vous savez depuis longtemps qu'en vous réside la magie des 4 éléments : l'Eau (sang), le Feu (cœur), la Terre (os) et l'Air (souffle). Vous êtes de celles qui prennent plaisir à ramasser en chemin les trésors de la nature comme des plumes, des petites branches ou des pierres pour les déposer ensuite sur votre autel. Vous aimez nettoyer vos cristaux au clair de la pleine lune et brûler dans votre chaudron tout ce qui pour vous n'est plus bon.

Magie verte : s'il y a un endroit où l'on sait que l'on peut facilement vous trouver, c'est bien dans votre potager. Qu'il s'agisse de quelques plants sur votre balcon ou plusieurs mètres carrés autour de votre maison, vous aimez avoir les mains dans la terre, parler aux plantes et aux animaux qui finissent toujours par vous rendre visite. Votre salon est parsemé de plantes à sécher et c'est toujours avec plaisir que vous offrez une tisane faite maison à celles et ceux qui passent le pas de votre porte. Plantes et potions n'ont aucun secret pour vous et votre magie se vit incontestablement au rythme des saisons.

Magie des fourneaux : chez vous règne une odeur alléchante et il y a toujours une assiette à proximité pour accueillir à la dernière minute un·e invité·e. Votre cuisine est votre royaume et vous êtes de celles qui ont toujours envie d'ajouter dans leur bouillon quelques herbes et un soupçon de magie. Votre grimoire a des allures de livre de recettes, vos placards regorgent d'épices et de sels du monde entier et vous vous amusez à mélanger les saveurs avec agilité. Votre sensorialité est votre meilleure alliée et vous avez à cœur de la mettre au service des bons petits plats enchantés que vous savez si bien préparer avec générosité.

Magie divinatoire : connectée à votre intuition, à l'écoute des signes que vous envoie l'Univers, vous êtes de celles qui prédisent l'avenir avec facilité. S'il n'est pas question ici de dire exactement ce qu'il va se passer, il s'agit plutôt de développer son intuition, de décrypter les symboles et de porter attention à nos ressentis pour prendre des décisions éclairées. Pour vous, tout est magie si l'on prend le temps d'écouter les messages qui nous sont envoyés. Vous souriez alors à chaque nouvelle synchronicité, vous vous plaisez à deviner qui sera la prochaine personne à vous appeler et l'on vous croise souvent à flâner au rayon des tarots et oracles de votre magasin ésotérique préféré. En fin de soirée, on vous retrouve à coup sûr à papoter sur un bout de canapé pour lire l'avenir à celles et ceux qui auront le courage de vous confier leur tasse de café.

Magie éclectique : pour vous, il n'y a pas une seule magie mais des magies. Vous ne suivez pas de règles strictes, votre pratique est singulière, vos centres d'intérêt sont pluriels et vous ne vous inscrivez dans aucune tradition ou voie spirituelle préétablie. Vous aimez apprendre des traditions ancestrales et tout autant explorer ce qui se fait aujourd'hui pour vivre votre magie au gré de vos talents et de vos envies. Vos rituels sont un mélange harmonieux de prières et d'incantations, et vous pouvez aisément en appeler à la magie des éléments comme confier vos souhaits au firmament. Vous naviguez avec facilité dans toutes ces sphères colorées avec respect et humilité.

Magie blanche & magie noire

En sorcellerie, on entend souvent parler de magie blanche et de magie noire, l'une étant bienfaisante et l'autre néfaste. Soyez assurée que la magie n'a pas de couleur et qu'il s'agit là plutôt d'une dénomination pour identifier des pratiques malveillantes. Votre magie doit être positive, portée par votre cœur et au service de votre mieux-être et de celui de votre communauté. Éveiller la sorcière qui est en vous, c'est vous connecter à la magie de la lumière et de l'amour. C'est voir en toute chose l'opportunité d'apprendre et de grandir, de trouver la beauté même dans l'obscurité, d'avancer avec justesse et clarté et de contribuer avec subtilité au monde d'aujourd'hui comme à celui de demain. Là est la véritable magie !

13 signes que vous êtes une sorcière

Nous portons toutes en nous une étincelle de magie, qui ne demande qu'à s'embraser pour être mise au service de nos projets. Si certaines ont déjà commencé à avancer sur ce chemin et, avec le temps et l'expérience, ont pris conscience de leur magie personnelle, il n'en est pas de même pour toutes. Je suis de celles qui pensent que le hasard est la forme que prend la magie pour passer inaperçue : si vous avez cet agenda entre les mains, ce n'est pas anodin. Alors, prenez un instant pour observer ce qui se joue pour vous tandis que vous lisez les propositions ci-après.

Cochez celles qui vous correspondent :

- ☐ J'aime prendre soin de la nature
- ☐ J'ai l'impression d'avoir déjà eu mille et une vies
- ☐ Je vois régulièrement des heures miroirs (11h11, 15h15…)
- ☐ Je regarde la lune et je souris sans vraiment savoir pourquoi
- ☐ Je suis sensible, créative et intuitive
- ☐ J'aime apprendre et expérimenter de nouvelles choses
- ☐ J'aime parler à mes plantes lorsque je prends soin d'elles
- ☐ J'ai toujours avec moi un porte-bonheur : une pierre, un bijou, un gri-gri
- ☐ Je me répète des phrases mantras avant chaque moment important pour m'encourager
- ☐ J'allume une bougie pour m'apaiser, prier, méditer, pleurer, célébrer un moment joyeux
- ☐ Je salue le soleil le matin pour bien commencer ma journée
- ☐ J'ai une pierre magique dans mon sac à main ou mon porte-monnaie pour attirer abondance et prospérité
- ☐ J'aime tirer une carte de mon oracle préféré le matin pour donner le ton à ma journée

Résultats :

- **Moins de 4 cases cochées :** Il est temps pour vous d'éveiller votre âme de sorcière pour prendre conscience de votre merveilleux potentiel. L'heure de votre initiation a sonné !
- **Entre 4 et 9 cases cochées :** Vous voilà déjà bien connectée à ce qui œuvre subtilement à vos côtés. Continuez de développer votre sensibilité en prenant le temps d'observer et d'apprécier la magie qui colore chacune de vos journées.
- **10 cases et + :** Soyez la bienvenue chère sœurcière ! Vous allez pouvoir à présent déployer votre magie pour incarner sereinement et en confiance la sorcière qui vit en vous.

Vous l'aurez compris, plus il y a de cases cochées, plus vous êtes de celles qui portent un regard subtil sur le monde. La magie se cache dans les détails du quotidien : synchronicité, hasard, rencontres fortuites, appelez ça comme vous le voulez. Ce qui est sûr, c'est que la magie apparaît à qui veut bien y regarder de plus près. Alors, ouvrez grand votre cœur, souriez à la bonne fortune et aux hasards de la vie. Mettez de la magie dans chacune de vos actions, de vos intentions et participez avec joie au réenchantement du monde.

Par où commencer ?

Sorcière débutante ou initiée, il est toujours bon de revoir ses bases avant de s'élancer. Pratiquer l'art de la magie demande du temps, un peu de discipline et un soupçon d'organisation. Votre pouvoir a besoin d'espace pour grandir et se déployer. Dresser un autel, ouvrir un cercle, s'octroyer des espaces-temps pour acquérir de nouvelles connaissances, développer ses compétences en apprenant à créer ses rituels sont autant d'étapes à suivre pour débuter votre initiation.

La sorcière, éternelle étudiante

Comme pour toute nouvelle discipline, votre apprentissage va passer par différentes phases : explorer + apprendre + expérimenter… et recommencer ! Comme il y a un grand nombre de sujets, d'approches et de traditions à découvrir, je vous invite dans un premier temps à éveiller votre curiosité. Partez à la rencontre de celles et ceux qui ont déjà une pratique de la sorcellerie bien installée, observez, posez des questions et faites des recherches pour commencer votre initiation.

Livres, podcasts, vidéos et comptes Instagram se multiplient chaque jour sur ce sujet ; prenez plaisir à découvrir ce qui se fait et les espaces bienveillants qui se créent. Et après avoir acquis les connaissances de base, pratiquez, pratiquez et pratiquez ! Peut-être vous lancerez-vous seule ou peut-être que vous rejoindrez un coven, c'est-à-dire un cercle de sorcières et/ou des sorciers qui pratiquent régulièrement la magie ensemble, en tout cas, souvenez-vous que l'on peut faire des choses sérieuses en s'amusant.

Un espace à soi chez soi

Pour vivre et pratiquer au quotidien votre magie, je vous propose de créer votre autel. Un espace pour vous et rien que pour vous. Vous pourrez vous y reposer, vous ressourcer, nourrir et exprimer votre magie. C'est votre espace d'expression personnelle ! Un bout d'étagère, une table de chevet, un recoin de votre habitation inexploité... choisissez cet endroit qui n'attend que vous.

Puis dressez votre autel avec une bougie blanche pour commencer. Plus tard, selon vos envies et votre pratique, vous pourrez ajouter votre carte de tarot préférée, une pierre de protection ou bien encore un bâton de fumigation ou de l'encens à brûler soigneusement posé dans une coupelle colorée pour nettoyer énergétiquement votre pièce, votre autel et tout votre petit matériel avant un rituel.

Il pourrait y avoir aussi des décorations végétales que vous changerez au fil des saisons. Pour célébrer l'hiver, vous pourriez y déposer des branches de sapin, du houx, des pommes de pin, de la cannelle et des oranges séchées par exemple. Profitez de belles balades en forêt pour vous inspirer. Avec le temps et la pratique, j'ai chez moi quatre jolies boîtes, une pour chaque saison, où je range les décorations spécifiques et que j'ai plaisir à ressortir et à redécouvrir à chaque nouvelle installation.

Gardez aussi une place pour une coupelle, une assiette creuse, un petit verre. Vous y déposerez des offrandes comme du lait, du miel, des biscuits, des céréales, du pain ou du vin pour celles et ceux qui œuvrent subtilement à vos côtés (vos allié·e·s, vos ancêtres, vos divinités). Cela peut être à l'occasion d'un changement de saison, d'un rituel ou d'une cérémonie ou tout simplement pour le plaisir. Dès que cela est nécessaire et possible, rendez vos offrandes végétales, minérales et alimentaires à la terre.

Vous pouvez bien sûr avoir plusieurs autels, un perpétuel pour votre foyer et un autre pour votre pratique magique que vous dresserez uniquement pour vos sorts, vos rituels ainsi que vos enchantements.

L'art du rituel

Un rituel est une action (ou une succession d'actions) porteuse d'une intention spécifique, organisée et codifiée. Un rituel est régulier pour nous permettre d'en retirer tous les bienfaits. Réserver dans votre agenda des temps d'apprentissage va vous permettre d'approfondir vos connaissances et de développer vos compétences efficacement.

Plus spécifiquement, la sorcière ritualise chacun de ses actes pour faciliter sa concentration et renforcer les effets positifs de ses sorts comme de ses enchantements. Préparer votre espace de travail, réunir votre matériel, vous installer confortablement, ouvrir votre cercle, œuvrer, fermer votre cercle et reprendre le cours de votre journée est déjà en soi un rituel.

Plus vous pratiquerez, plus vous apprendrez et, au fur et à mesure, vous saurez ajuster et personnaliser vos actions, colorer votre pratique de petits trucs rien qu'à vous. En sorcellerie, tout est à créer !

Ouvrir et fermer le cercle

Avant un rituel, un sort ou bien encore un enchantement, vous pouvez créer un cercle, un espace de travail sécurisé pour déployer votre magie. Vous pouvez imaginer ce nouvel espace comme une bulle de protection où vous installer confortablement et activer votre pouvoir. S'il est possible de créer sa propre façon d'ouvrir et de fermer son cercle de protection, voici une méthode simple et accessible à toutes. Plus tard, vous pourrez ajuster votre pratique selon vos apprentissages et vos expériences.

Ouvrir votre cercle

Votre cercle devrait être assez grand pour que vous puissiez vous asseoir ou vous allonger en son centre et pour qu'il puisse contenir votre autel de pratique, votre petit matériel, votre grimoire et votre trousse créative.
Vous pouvez commencer par le matérialiser en traçant sur le sol un cercle à la craie ou avec du sel. Vous pouvez aussi allumer quatre bougies, une pour chacun des points cardinaux (Est, Sud, Ouest et Nord). Allumez ensuite votre bâton de fumigation et nettoyez les énergies dans votre cercle en faisant trois fois le tour avec, dans le sens des aiguilles d'une montre. Une fois bien installée au sol, réalisez une courte méditation d'ancrage pour vous recentrer, laisser les pensées parasites du quotidien à l'extérieur et vous préparer à activer votre magie. Pour cela, vous pouvez simplement porter attention à votre respiration, sentir toutes les parties de votre corps en contact avec le sol, percevoir comme votre corps se détend et se relâche à chaque nouvelle inspiration. Prenez conscience que vous êtes confortablement installée, calme et relaxée, bien ancrée, prête à déployer votre magie, ici et maintenant.
Enfin, répétez à voix haute :

« Cet espace est à présent scellé
Que dans ce cercle ma magie puisse s'activer
Et que seule la lumière soit autorisée à entrer.
Je suis prête maintenant à œuvrer ! »

Une fois que votre cercle est créé, restez dans cet espace protégé le temps de vos travaux magiques. Puis, lorsque vous aurez terminé, fermez cet espace enchanté.

Fermer votre cercle

(Ré)installez-vous au centre de votre cercle et, sans en sortir, remettez de l'ordre autour de vous. À nouveau, réalisez quelques fumigations pour nettoyer et libérer ce qui a besoin de l'être, cette fois-ci en faisant trois fois le tour du cercle dans le sens inverse des aiguilles d'une montre.
Puis fermez les yeux, revenez à votre respiration et, lorsque vous vous sentez prête, répétez à voix haute :

« Cet espace de travail peut à présent être fermé
Que soit remerciée la magie qui œuvre subtilement à mes côtés. »

À présent, vous pouvez sortir « physiquement » de cet espace, ranger vos affaires et reprendre sereinement le cours de votre journée.

Votre cercle de pratiques magiques et créatives

Chaque mois, vous découvrirez dans cet agenda une rubrique « Abraca'DIY » pour créer vous-même des objets enchantés. Je vous proposerai alors d'ouvrir un cercle de pratiques magiques et créatives avant de vous lancer. Pour cela, installez-vous cette fois-ci à un bureau ou une table de travail afin de réaliser vos créations confortablement et en toute sécurité. Vous pourrez alors dire pour ouvrir le cercle :

« Que soit à présent ouvert cet espace secret et sacré
Où magie et créativité seront intimement liées
Pour que puissent se matérialiser de nouvelles créations enchantées. »

Pour le fermer, vous pourrez utiliser la même incantation de fermeture.

Les outils indispensables de la sorcière moderne

Si vous pouvez être tentée de dévaliser toutes les jolies boutiques pour sorcière des temps modernes, soyez assurée qu'en vérité vous n'avez besoin que d'un endroit calme où vous ne serez pas dérangée. Pour celles qui souhaitent développer leur pratique, vous pouvez bien sûr faire appel à quelques accessoires complémentaires. Privilégiez les objets de qualité, les matières naturelles, les épices et les plantes cultivées de façon raisonnée.

Athamé : cette dague de rituel, dont la particularité est d'avoir une lame à double tranchant, peut vous servir à tracer des symboles magiques dans l'air ou dans la terre, diriger les énergies d'un sort ou bien encore couper symboliquement des relations qui n'ont plus lieu d'être.

Baguette : en bois naturel, votre baguette magique va vous permettre de canaliser les énergies et de les diriger avec précision. Si vous pouvez l'acheter toute prête, je ne peux que vous recommander de la fabriquer vous-même pour la personnaliser avec des symboles, des pierres ou des plumes selon ce qui fait sens pour vous.

Balai : si ce n'est pour voler les soirs de pleine lune, votre balai vous aide à chasser les énergies négatives, à repousser les mauvais sorts et à nettoyer énergétiquement votre maison. En plus d'un balai grandeur nature que vous pouvez installer à l'entrée de chez vous pour repousser les énergies négatives (p. 61), vous pouvez en fabriquer un miniature avec des brindilles, de la paille et de la ficelle à déposer sur votre autel pour la symbolique.

Bougie : pour ouvrir votre cercle, remercier vos allié·e·s, ou juste pour adresser un vœu à l'Univers, allumer une bougie restera toujours la plus simple des cérémonies. Les bougies colorées permettent de renforcer certains sorts ou rituels : le rouge pour la passion, le noir pour se libérer d'une relation toxique, le vert pour attirer l'abondance. Et si, comme moi, vous êtes plutôt minimaliste, utilisez une bougie blanche pour tous vos travaux magiques. Le blanc, symbole de pureté peut remplacer toutes les couleurs dans tous vos rituels.

Calice : grande coupe évasée portée sur un pied élevé, le calice peut accueillir vos potions, de l'eau de lune, c'est-à-dire de l'eau que vous aurez laissée s'imprégner des énergies positives de la pleine lune, ou tout autre liquide enchanté lors de vos célébrations, de vos sorts ou bien encore de vos rituels.

Chaudron : il est généralement en cuivre ou en fonte. Vous pourrez y brûler des papiers et des plantes. En ce qui concerne la cuisson, à moins que vous n'ayez un brasero dans votre jardin, une petite casserole dédiée à votre pratique magique fera bien mieux l'affaire qu'un chaudron.

Encens et bâton de fumigation : pour porter un message vers les mondes subtils, nettoyer et purifier votre espace ou vos objets, l'encens comme les bâtons de fumigation (ou smudge stick, bâton de plantes séchées, voir p. 157) vont devenir vos meilleurs compagnons. Privilégiez des produits de qualité et, encore mieux, fabriquez-les !

Fioles et autres contenants : pour conserver vos ingrédients magiques et secrets, choisissez des fioles en verre fumé. Pensez toujours à noter sur une étiquette ce que contient votre pot pour éviter tout incident.

Grimoire : carnet secret, votre grimoire va vous accompagner dans votre pratique magique tout au long de votre vie. Vous pouvez y répertorier vos tables de correspondances (couleurs, jours de la semaine, phase de la lune, etc.), la roue de l'année des sorcières, les sorts et les rituels que vous avez créés et/ou utilisés, leurs effets, ce que vous pourriez améliorer, etc. Votre grimoire est votre meilleur allié.

Outils de divination : tarot, oracles, pendule, runes, feuilles de thé… il existe toute une panoplie d'outils de divination à votre portée. Testez-les, expérimentez et choisissez celui ou ceux qui vous plaisent le plus. Faites confiance à votre intuition et à vos sensations.

Pierres et cristaux : chaque pierre, chaque cristal, porte en lui une magie. En étant curieuse de leur symbolique et de leurs bienfaits, vous pourrez aisément les utiliser dans vos sorts et autres rituels pour activer ou booster leur force en les déposant sur votre autel, en les tenant dans vos mains ou en les glissant dans des pochons avec d'autres ingrédients magiques par exemple. Après utilisation, pensez à les recharger régulièrement grâce aux énergies de la lune ou du soleil, selon leurs spécificités, en les déposant dans une coupelle dans votre jardin ou sur le rebord de votre fenêtre par exemple.

Plantes, fleurs, sel et épices : sans même que vous le sachiez, votre cuisine recèle mille et un ingrédients magiques. Lorsque vous achetez par exemple un nouveau pot d'épices, pensez à en prélever une partie pour votre pratique magique. Vous pourrez ensuite les utiliser pour vos potions, vos poudres de guérison ou bien encore en les associant à des pierres dans des pochons. Qu'il s'agisse de plantes séchées, de sel ou d'épices, pensez toujours à les conserver à l'abri de la chaleur et de l'humidité.

Pilon et mortier : pour réduire en poudre les coquilles d'œuf, les graines récoltées ou les plantes que vous aurez fait sécher, choisissez un mortier de qualité. Idéal pour créer vous-même vos poudres et sels enchantés à utiliser pour vos rituels.

Tarot : en cartomancie, on utilise des cartes illustrées qui renferment des symboles secrets. On compte 78 cartes que l'on appelle aussi « lame » ou « arcane ». Il y a les arcanes majeurs, qui représentent des archétypes (comme l'Impératrice ou bien encore la Tempérance) et des arcanes mineurs qui sont répartis en 4 catégories : les coupes, les deniers, les épées et les bâtons. Si le tarot est utilisé en tant qu'outil de divination, son usage est aussi de plus en plus répandu en psychologie et en développement personnel.

Tenue : pour votre pratique au quotidien ou pour les cérémonies, soignez votre tenue. Si porter votre pilou-pilou ne compromettra pas votre sort, souvenez-vous du pouvoir de l'intention. Choisir sa tenue, qu'elle soit sophistiquée pour une cérémonie ou tout à fait confortable pour votre sortilège du jour, c'est déjà se connecter à l'énergie de votre intention et donc à votre magie personnelle. Cela fait partie du rituel !

Pour une pratique magique en toute sécurité

Pour éviter tout incident, prenez grand soin de conserver à l'abri des petites mains curieuses vos ustensiles et vos ingrédients. Si vous avez des enfants, des animaux ou s'il y a d'autres personnes qui vivent sous votre toit, prenez soin d'eux.
En ce qui concerne les encens, les fumigations, les huiles essentielles, les plantes, les épices, les huiles, veillez toujours à bien vérifier les contre-indications (allergie, grossesse…).
Si vous utilisez des fumigations, une bougie ou si vous choisissez de brûler un papier dans votre chaudron, pensez toujours à bien aérer la pièce en ouvrant les fenêtres et à vous assurer que tout est bien éteint avant de la quitter.
Veillez aussi à bien distinguer vos accessoires magiques de vos ustensiles de cuisine au risque de vous retrouver avec une tarte toxique !

Tout n'a pas besoin d'être parfait. Une jolie coupelle recyclée, un carnet que vous avez eu à cœur de customiser et une bougie que vous aurez fabriquée peuvent avoir autant de force et de magie que de très beaux objets que vous aurez pris plaisir à chiner. Quoi qu'il en soit, quand vous vous apprêtez à utiliser un nouvel ustensile, pensez à le nettoyer et à le purifier. Pour cela, passez sous l'eau l'objet en question, ou offrez-lui un « bain de fumigation ».

3 pratiques magiques à tester

Attirer la chance, l'abondance, rencontrer l'amour ou bien encore booster votre courage, votre volonté, votre bravoure… Voici 3 pratiques magiques à décliner à volonté pour vous accompagner dans vos premiers pas de sorcière.

Créer une incantation

Pour donner davantage de force à vos sorts comme à vos rituels, rien de mieux qu'une incantation que vous aurez créée avec vos propres mots. Une incantation est un court texte que vous pouvez répéter à plusieurs reprises pour concentrer votre énergie et lui donner une belle impulsion. Vous pouvez utiliser des rimes, jouer avec la taille des phrases pour donner du rythme à votre texte ou bien encore le chanter, le murmurer, le déclamer à haute voix. Soyez rassurée, tout cela n'a pas besoin d'être compliqué. Laissez-vous guider par votre intuition pour trouver le bon ton et émettre la juste vibration.

Dessiner un sigil

C'est le procédé magique par excellence ! Sigil vient du terme *sigillum* qui signifie « sceau, signature » en latin. On pourrait le décrire comme un dessin avec des formes géométriques plus ou moins stylisées qui ressemblent à des symboles alchimiques tels que l'on pourrait les croiser dans les films fantastiques. Ces sceaux peuvent être utilisés entre autres pour se protéger ou enchanter un objet. Ils ancrent votre intention ou votre incantation en lui donnant une réalité, ils scellent votre énergie et la fixent. Il existe différentes façons de les créer. Par exemple, il existe des tableaux de correspondances où vous reliez les lettres des mots qui composent votre intention, créant une forme géométrique. Pour ma part, je me connecte à mon intention et je me laisse guider par mon intuition pour tracer d'un seul trait un symbole dans un cercle préalablement délimité. Je répertorie les sigils que j'ai créés dans mon grimoire en retraçant le symbole et en expliquant en une phrase ou deux sa signification.

Jeter un sort

Lorsque vous vous apprêtez à lancer un sort, assurez-vous qu'il réponde bien aux grandes lois de la sorcellerie et tout particulièrement à celle-ci : « Ce que tu envoies te sera rendu par 3 fois. » Votre intention doit donc être positive et ne doit blesser ni vous ni personne. Par exemple : si vous souhaitez mettre un terme à une relation, ne jetez pas un mauvais sort à la personne en question mais privilégiez plutôt un rituel de libération pour que ce qui vous lie soit enfin rompu. De la même façon, s'il s'agit de jeter un sort, même avec une intention positive, à l'une de vos amies (par exemple un sort de guérison), demandez-lui toujours son autorisation et, mieux encore, proposez-lui de se joindre à votre rituel. Il existe plusieurs façons de lancer un sort à une personne. La plupart du temps, vous aurez besoin de créer un rituel sur mesure en vous servant d'une poupée à l'effigie de la personne concernée (voir p. 60).

Quelle sorcière êtes-vous ?

Sorcière apprentie, initiée ou femme sage, découvrez quelle rubrique de cet agenda va le plus vous aider à progresser dans votre pratique de la sorcellerie. Qui de la sorcière zen et créative, de l'ensorceleuse ou de la divin'actrice êtes-vous ? Répondez aux questions ci-après en toute authenticité pour le découvrir !

Ce matin, le réveil n'a pas sonné et vous voilà en retard pour le premier rendez-vous de votre journée :

- ● Bon, je vais devoir écourter ma morning routine et sauter dans la douche, je reste focus sur l'essentiel.
- ■ C'est parti pour une potion de vitalité : pomme verte, chou kale et jus de citron et je cours m'habiller.
- ◆ Allez, je tire juste une carte pour savoir si le reste de ma journée peut être sauvé.

Sur la route, vous voilà coincée dans les bouchons… Grrr, la pression commence à monter :

- ● Rien de mieux que des bouchons pour écouter un podcast de développement personnel sans être dérangée.
- ■ J'en appelle aux gardiens des 4 points cardinaux, puissiez-vous m'aider et que la route soit rapidement dégagée !
- ◆ Eh bien voilà, Mercure rétrograde, et sur la route c'est la cata ! Help, je n'en peux déjà plus de cette journée !

À peine arrivée, votre boss en rajoute alors que vous n'avez même pas eu le temps de finir votre café :

- ● Inspire… Expire… Je le laisse parler, j'irai tranquillement en rediscuter quand la pression sera retombée.
- ■ « Chef, je vais vous prendre un café [ajoute un sucre enchanté pour l'apaiser], tenez c'est ma tournée ! »
- ◆ Bon OK, s'il joue à l'Empereur avec moi, je vais enfiler ma tenue de Tempérance et filer tranquillement à mon bureau.

À l'heure du déjeuner, vous décidez de rejoindre vos collègues préférés pour une pause bien méritée :

- ● Mini-sieste pour tou·te·s, je mets un chrono et on se retrouve dans 25 minutes.
- ■ « Et si on s'asseyait en cercle pour changer ? »
- ◆ « Qui veut que je lui lise son avenir dans les feuilles de thé ? »

Entre deux dossiers à traiter, il y a aussi cette charmante personne à l'autre bout de l'open space dont il est temps d'attirer l'attention, non ?

- ● « Avec les collègues, on a réservé un cours de méditation en mode after work, ça te dit d'y participer ? »
- ■ « Ce week-end, j'organise un grand pique-nique pour célébrer l'arrivée de l'été, tu voudrais bien être mon invité·e ? »
- ◆ « Ce soir, j'ai une amie qui tire les cartes au café d'à côté, ça te dit de m'accompagner ? »

Fin de journée, il est enfin temps de chiller en paix :

- ● M'installer à mon atelier, sortir mon aquarelle ou ma broderie à terminer et ne plus voir les heures défiler…
- ■ Traîner dans mon jardin pour cueillir des plantes et des fleurs que je ferai ensuite sécher pour mes préparations magiques.
- ◆ Me poser, ouvrir un livre au hasard, lire la première phrase, sourire et rêvasser pendant des heures…

C'est l'heure de dîner, qu'allez-vous préparer ?

- ● Un plat sain et coloré que je compte bien parsemer d'épices enchantées.
- ■ Je vais jeter un sort aux restes du frigo pour voir en quoi tout cela pourrait bien se transformer !
- ◆ Pas envie de cuisiner, je sors les dépliants des petits restos à côté et je laisse mon pendule m'indiquer chez lequel d'entre eux je vais commander !

23 heures, c'est le moment d'enclencher votre rituel du soir

- ● Je déroule mon tapis, quelques exercices de respiration, de yoga et une relaxation.
- ■ Je m'assieds devant mon autel un instant pour remercier ce qui œuvre subtilement à mes côtés.
- ◆ J'ouvre grande ma fenêtre pour aérer ma chambre, admirer la lune et regarder le ciel étoilé.

Dernière étape, ouvrir votre carnet pour faire le bilan de votre journée et noter :

- ● Les 3 belles choses qui me sont arrivées aujourd'hui, sourire et être prête à m'endormir.
- ■ Le rituel que j'ai imaginé entre deux photocopies pour m'aider à trouver rapidement un nouveau job.
- ◆ La carte que j'ai tirée ce matin, ce qui s'est passé dans ma journée et les leçons que je peux en tirer.

Votre dernière pensée avant de vous glisser dans les bras de Morphée :

- ● Je suis heureuse de la journée passée, j'ai hâte de découvrir ce que me réserve celle de demain.
- ■ Brume de lavande sur l'oreiller, check ; améthyste sur ma table de chevet, check ; mon… *Zzzz*.
- ◆ Puissent la lune veiller à mes côtés et mes rêves m'apporter des messages enchantés.

Faites vos comptes !

■	●	◆

Vous avez une majorité de ● : *vous êtes une sorcière zen & créative*

Vous êtes de celles qui connaissent mille et une bonnes astuces pour guérir les petits bobos du quotidien : les bleus à l'âme, à l'esprit, au corps et au cœur. Vous savez piocher dans votre sac médecine pour offrir votre écoute attentive, un mot juste, un gri-gri que vous avez fabriqué, un chant pour apaiser, une bougie pour rallumer les jours plus gris. Avec vous, la magie a des allures feel good, car vous avez la capacité de voir dans les journées agitées les jolis moments de sérénité. Je vous invite à piocher dans les rubriques « Abraca'DIY » et « Magie du quotidien » de quoi enrichir vos bonnes pratiques.

Vous avez une majorité de ■ : *vous êtes une ensorceleuse*

Vous êtes de celles qui œuvrent chaque jour à ajouter un soupçon de magie dans tout ce que vous entreprenez. Pour vous, lancer un sort, fabriquer vos potions, pratiquer des rituels magiques et célébrer les sabbats font partie de votre quotidien. Les rubriques « Cérémonie » et « Witchy Tips » devraient vous ravir et vous permettre de développer votre art magique préféré.

Vous avez une majorité de ◆ : *vous êtes une divin'actrice*

Vous êtes de celles qui ont de l'intuition et qui savent la mettre au service de leurs actions. Pour vous, la magie peut se trouver dans le marc au fond d'une tasse à café ou dans la voie lactée. Lorsque quelque chose vous pose question, vous aimez vous tourner vers le ciel ou demander conseil à vos cartes. Vous avez toujours une longueur d'avance sur ce qui va se passer car vous savez écouter les messages plus ou moins discrets que vous êtes amenée à croiser sur votre chemin de beauté. À n'en pas douter, vous devriez aimer les rubriques « Astrovibes » et « Divin'action » de votre nouvel agenda.

La roue de l'année des sorcières

Connectées à la nature et à ses cycles, les sorcières prêtent attention au mouvement perpétuel de la lune et du soleil, à ce qui vit, grandit et meurt pour mieux renaître. Une approche cyclique, différente de ce que l'on connaît aujourd'hui avec le calendrier grégorien, définitivement plus linéaire. Observant la roue de l'année, elles célèbrent les passages qui marquent le changement. Un changement qui se vit à l'extérieur et aussi à l'intérieur de soi.

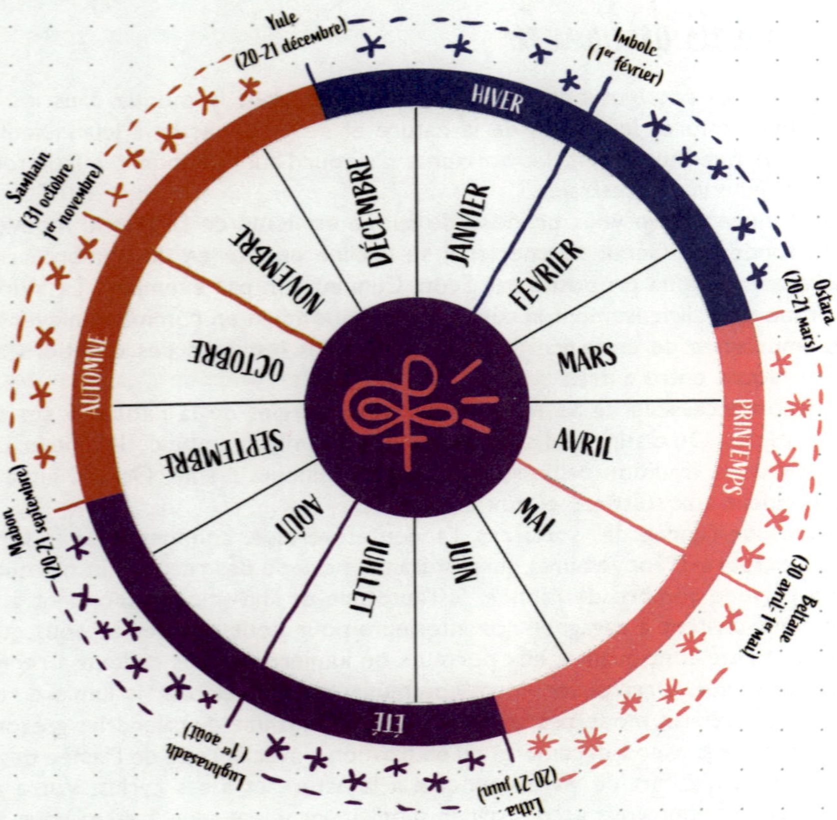

La magie des saisons

Dans des temps plus anciens, cet art de vivre au rythme du soleil, de la lumière, des saisons, accompagnait la réalisation des travaux agricoles et célébrait le travail accompli : les semences au printemps, le travail intensif en été, l'automne les moissons, l'hiver les jachères et, au printemps, à nouveau les semences.
Aujourd'hui, dans notre société moderne aux lumières artificielles qui envahissent les rues et nos intérieurs toute l'année, nous nous sommes bien trop éloignées de l'énergie du soleil et de notre lien avec la nature. Déprime, épuisement, démotivation, perte de sens et isolement sont alors devenus le lot de beaucoup trop d'entre nous.
Aujourd'hui, s'il n'est pas question de récoltes à proprement parler, je vous parlerai plutôt des idées et des projets qui naissent au printemps, de l'été qui est un temps idéal pour les nourrir. Quant à l'automne, c'est le moment de récolter les fruits du travail accompli, de célébrer les réussites, de nommer ce qu'il reste à entreprendre et enfin, l'hiver le temps du repos et du silence pour rêver l'année à venir.

Les 8 sabbats de l'année

De tout temps, ces passages ont été célébrés partout dans le monde dans les différentes traditions. Pour honorer les cycles de la nature et se reconnecter à leurs bienfaits autant pour leur corps que leur esprit, les sorcières d'aujourd'hui continuent à leur tour de perpétuer ces cérémonies ancestrales.
La roue de l'année que je vous propose de suivre est issue de la Wicca, mouvement religieux païen fondé par Gérald Garner (qui se décline ensuite en de nombreuses branches dont la Wicca éclectique proposée par Scott Cunningham par exemple). La Wicca est une façon de pratiquer religieusement la sorcellerie au quotidien en communion avec le Divin et la Nature, imprégnée de croyances diverses et variées inspirées des traditions ancestrales celtes et nordiques entre autres.
C'est une façon accessible de se reconnecter aux énergies de la nature, à ses cycles et à nos propres cycles. On distingue 4 sabbats majeurs : Samhain, Imbolc, Beltane et Lughnasadh qui sont issus de la tradition celtique et 4 sabbats mineurs : Yule, Ostara, Litha et Mabon qui correspondent aux solstices et aux équinoxes.
On considère que l'année des sorcières, l'année ésotérique, commence et se termine avec Samhain (31 octobre-1er novembre) qui clôturait la période des récoltes et marquait l'entrée en hiver, la période sombre de l'année. Si l'automne et l'hiver correspondent à la période sombre et nous invitent à regagner nos intérieurs pour nous reposer et nous questionner, le printemps et l'été sont quant à eux porteurs de lumière et nous invitent à reprendre nos activités en extérieur, à retrouver notre communauté et à célébrer la lumière retrouvée.
Aujourd'hui, les sorcières modernes vivent aussi bien au rythme du calendrier grégorien (notre calendrier actuel de janvier à décembre) qu'en harmonie avec la roue de l'année des sorcières. Il s'agit avant tout d'un art de vivre connecté à la nature et à ses cycles. Votre agenda est spécialement conçu pour vous accompagner subtilement en ce sens. Laissez-vous guider !

Esbats et magie lunaire

En parallèle des 8 sabbats qui honorent le cycle solaire, vous pouvez ajouter aussi à votre calendrier de sorcière les célébrations des pleines lunes de l'année : les esbats. C'est le moment idéal pour réaliser vos rituels et vos cérémonies, car les énergies lunaires sont à leur apogée et amplifient votre magie.
La Lune symbolise l'énergie féminine, le yin. En tant que sorcière, suivre les cycles de la Lune (de la même durée que notre cycle menstruel), c'est se connecter à une magie ancestrale féminine et universelle.

On distingue par exemple :
- Lune du loup (première pleine lune du mois de janvier) : 17 janvier 2022
- Lune de neige : 16 février 2022
- Lune du ver : 18 mars 2022
- Lune rose : 16 avril 2022
- Lune des fleurs : 16 mai 2022
- Lune de fraise : 14 juin 2022
- Lune du cerf : 13 juillet 2022
- Lune de l'esturgeon : 12 août 2022
- Lune du maïs : 10 septembre 2022
- Lune du chasseur : 9 octobre 2022
- Lune du castor : 8 novembre 2022
- Lune froide : 8 décembre 2022

Il s'agit là d'une dénomination proposée par *The Old Farmer's Almanac* qui a combiné les savoirs ancestraux des natifs américains, des colons et des Européens.

Sachez que vous pouvez choisir d'effectuer un rituel ou de lancer un sort en vous calant sur les différentes phases de la lune pour renforcer sa puissance. **La nouvelle lune** est le moment idéal pour poser votre intention, choisir le sort, le rituel ou l'enchantement adapté et réunir le matériel nécessaire; **le premier quartier** pour vous organiser et préparer votre incantation; **la pleine lune** pour activer votre magie et œuvrer à votre pratique; et **le dernier quartier** pour observer ce qui s'est passé, noter ce que vous pouvez améliorer et intégrer les bienfaits.

Magie astrale

La roue de l'année des sorcières se vit aussi au rythme des énergies astrales. Les planètes, comme les étoiles, ont leur propre signature énergétique et résonnent naturellement avec notre énergie. Souvenez-vous, tout est énergie, tout est magie !
Dans le cadre de votre initiation, commencez tout simplement par observer ce qui se joue pour vous à chaque changement de signe et durant les temps forts associés. Vous pourrez ensuite vous plonger dans votre thème astral et découvrir ce que votre signe solaire, votre ascendant et votre signe lunaire disent de vous.

La magie au féminin

De tout temps, la sorcière a intrigué, interpellé, questionné et, disons-le, fait peur. Indépendante, sensible, créative, autonome et libérée du joug patriarcal, elle œuvre subtilement au quotidien pour prendre soin d'elle ainsi que de celles et ceux qui viennent à sa rencontre.

La magie du cycle féminin

La sorcière connaît l'importance de prendre sa place dans le monde et vit en paix au rythme des saisons, en accord avec la nature et sa propre cyclicité. Comme la nature, les femmes vivent des changements intérieurs tous les mois via le cycle menstruel, une transformation perpétuelle qu'elles apprennent chaque jour à mieux appréhender pour déployer avec agilité leurs talents comme leur magie au service de leur mieux-être et de leurs projets de vie.

Voici mon approche inspirée par les enseignements de Carl Gustave Jung et Miranda Gray, mettant en correspondance le cycle menstruel, les archétypes féminins, le cycle des saisons, les différentes phases de la lune et la pratique de la sorcellerie. Il s'agit là d'une façon métaphorique de percevoir les changements émotionnels, physiques et psychiques qui se manifestent en nous au rythme de notre cycle hormonal : en comparant par exemple votre phase menstruelle à l'hiver, à la nouvelle lune et à la femme sage, vous comprenez intuitivement qu'il s'agit d'une période où votre corps a besoin de repos, où vous vous tournez vers votre monde intérieur… Utiliser ce système de correspondances permet de mieux comprendre votre cycle, son énergie, et d'honorer chaque phase, car chacune possède de belles qualités !

Plus vous vous familiariserez avec le fonctionnement et les bienfaits de chaque phase, plus vous pourrez vous connecter facilement à l'énergie correspondante afin de booster votre magie. Consultez le tableau de correspondances ci-après avant de pratiquer votre magie pour vous assurer que vous vous sentez bien alignée et soutenue pour déployer comme il se doit votre magie. Par exemple, s'il est préférable de réaliser vos rituels et cérémonies lors de la pleine lune, privilégiez des temps calmes pour faire l'inventaire de vos plantes et potions à l'occasion de la nouvelle lune.

1. Menstruation

Nouvelle lune
La femme sage
L'hiver
Repos & contemplation
Prendre soin de soi pour recharger sa magie
Mon énergie diminue de plus en plus, c'est le temps du repos

2. Pré-ovulation

Lune croissante
La jeune fille
Le printemps
Préparation & intention
Préparer les cérémonies, les rituels, son matériel
Mon énergie est grandissante, je suis prête à commencer un nouveau projet

3. Ovulation

Pleine lune
La mère
L'été
Action & expansion
Réaliser les sorts, les enchantements, les cérémonies, les rituels, œuvrer pleinement à sa pratique magique
Mon énergie se déploie jusqu'à son paroxysme, je passe à l'action

4. Post-ovulation

Lune décroissante
L'enchanteresse
L'automne
Temps du bilan & enseignement
Mettre à jour son grimoire, ranger son matériel, questionner sa pratique
Mon énergie se stabilise avant de décroître, je prends plaisir dans tout ce que j'entreprends

Chaque mois, complétez la roue des lunes de votre agenda pour mieux appréhender les différentes phases de votre cycle, prendre conscience de leur impact sur votre état émotionnel au quotidien et organiser dans les meilleures conditions votre pratique magique.

Une pratique magique au féminin

Si la sorcière porte aujourd'hui les valeurs d'un féminin aussi sauvage que sacré, elle a aussi depuis longtemps compris que la sorcellerie n'est absolument pas une pratique genrée. Elle veille alors à porter avec le cœur un message et des valeurs inclusives, car cette énergie à laquelle nous contribuons chacune à notre façon n'a pas d'autre intention que de nous soutenir sur notre chemin personnel de transformation.

Ces valeurs du féminin dont la sorcière est ambassadrice sont : l'ouverture du cœur, la bienveillance, la compassion, l'intelligence émotionnelle, l'intuition, l'engagement et le leadership. Des valeurs qu'elle a à cœur de partager avec ses sœurs dans un élan de sororité et, plus largement, avec sa communauté.

4 livres indispensables à avoir dans votre bibliothèque de sorcière

- Mona Chollet, *Sorcières, la puissance invaincue des femmes*, Zones, 2018.
- Clarissa Pinkola Estés, *Femmes qui courent avec les loups*, Le Livre de Poche, 2001.
- Pascale d'Erm, *Sœurs en écologie. Des femmes, de la nature et du réenchantement du monde*, La Mer salée, 2017.
- Starhawk, *Rêver l'obscur : femmes, magie et politique*, Cambourakis, 2015.

Mon agenda

Pour vous accompagner toute l'année, je vous donne rendez-vous...

Astrovibes

Bien mieux qu'un bulletin météo, laissez-vous guider par le bulletin astro. Imprégnez-vous des énergies des 12 signes du zodiaque pour éclairer tout au long de l'année votre chemin de beauté.

Abraca'DIY

Sorcière créative, reconnectez-vous à vos talents d'artiste pour créer vous-même des objets magiques et apprendre à les enchanter. Vous pourrez les utiliser tout au long de l'année au cours des rituels et des cérémonies proposés en les déposant sur votre autel ou bien encore en les portant sur vous au quotidien. Ces tutos sont accessibles à toutes et ne nécessitent que très peu de matériel.

Cérémonie

Initiez-vous à la magie cérémonielle en fêtant les 8 sabbats de l'année et en découvrant d'autres cérémonies clés. Au programme : histoire et tradition pour mieux appréhender les rituels proposés et une proposition de déroulé qu'il vous sera toujours possible d'adapter. Idéal pour se relier au rythme des saisons, s'imprégner de leur énergie positive et s'arrêter un instant pour apprécier le chemin parcouru, tirer les enseignements de la période passée, se ressourcer et à nouveau avancer plus sereine et plus confiante.

Magie du quotidien

Issues des sagesses ancestrales et des pratiques de bien-être contemporaines (psychologie positive, sophrologie, yoga), il s'agit de propositions d'activités à réaliser en toute autonomie et qui ajouteront à votre quotidien un soupçon de magie.

Witchy tips

Quoi de mieux pour accompagner l'éveil de votre magie que d'être bien accompagnée par des allié·e·s enchanté·e·s issu·e·s des règnes minéral, végétal ou animal ? Vous pourrez faire appel à eux lors de vos séances de méditation pour recevoir leurs enseignements et vous imprégner de leur force. Découvrez également des sorts, des potions et des enchantements pour enrichir chaque semaine votre pratique.

Divin'action

Apprenez à décrypter le message des arcanes majeurs du tarot, réalisez des tirages originaux et surtout, préparez-vous à passer à l'action pour votre mieux-être et vos projets ! Si vous n'avez pas de jeu de tarot, utilisez la reproduction p. 216 en faisant un tirage intuitif : fermez les yeux, concentrez-vous sur votre question et posez votre doigt sur l'une des cartes en vous laissant guider par votre intuition. La carte désignée sera la carte tirée !

La toute douce liste des sorcières

Vous voilà prête à commencer une nouvelle année en apprenant chaque jour à révéler la magie qui sommeille en vous. Cet agenda enchanté est fait pour celles qui veulent s'initier, poursuivre le travail déjà engagé et pratiquer, mais qui ne savent pas par où commencer. Cheminer ensemble tout au long de l'année, c'est une invitation à trouver votre voie personnelle de sorcière à travers des propositions éclectiques pour enchanter votre vie dans tous ces aspects : prendre soin de vous, de vos proches, réaliser vos projets et contribuer avec sens et en conscience au monde d'aujourd'hui et de demain.

Pour vérifier que tout est OK de votre côté avant de vous lancer, voici une check-list à cocher :

- ☐ J'ai trouvé la place idéale pour installer mon autel de sorcière
- ☐ J'ai choisi un carnet qui me servira de grimoire pour m'accompagner toute l'année
- ☐ J'ai préparé ma trousse créative : stylos, feutres, crayons, ciseaux, colle, stickers…
- ☐ J'ai trouvé chez moi un endroit bien particulier ou une boîte pour entreposer mon matériel en toute sécurité
- ☐ J'ai rassemblé tout le petit matériel que j'ai et que je peux d'ores et déjà dédier à ma pratique
- ☐ J'ai réfléchi à la meilleure façon pour moi de créer des moments pour développer mon art; je les ai noté dans mon agenda
- ☐ J'ai choisi de suivre sur les réseaux sociaux des comptes de sorcières inspirantes et inspirées
- ☐ C'est officiel, je suis prête à enchanter cette nouvelle année!

Janvier

LETTRE À L'UNIVERS

Si personne ne sait de quoi sera faite votre année, ce qui est sûr, c'est que tout commence par un rêve. Un rêve comme une lettre à l'Univers pour attirer à vous ce que vous désirez. Bien plus que de bonnes résolutions, il est temps de choisir une direction et d'affirmer votre vision.

Tel l'ours lové dans sa caverne, vous êtes invitée à prendre soin de vous, de vos projets et de vos idées. Profitez de ce temps si précieux pour vous recentrer, vous autoriser à rêver et décider de ce que vous avez envie de créer pour vous-même cette année. Mettez en mots et en images votre intention et choisissez un projet qui vous fait vibrer.

Au cœur de l'hiver, temps du rêve et du silence, installez-vous confortablement dans votre canapé, sur votre autel allumez une bougie parfumée, préparez votre boisson chaude préférée et laissez-vous guider. Tout est à créer.

Astro vibes

Capricorne

Du rêve au projet

En ces temps où tout vous appelle à ralentir, le Capricorne vous demande d'organiser méthodiquement vos affaires pour ramener votre attention à l'essentiel : vous, vos rêves et votre projet de l'année.

SLOW ET ORGANISÉ

Sous son apparence froide et austère, le Capricorne vous rappelle que si vous êtes capable de grandes choses et de travailler dur pour y arriver, il y a un temps pour tout et il ne faut pas confondre productivité exacerbée et gestion de projet. Maintenant, il va être temps de nommer ce qui sera à entreprendre tout au long de l'année pour réaliser cet objectif qui vous tient tant à cœur : changer de job, déménager, voyager, rencontrer cette personne faite pour vous. Étape par étape, un pas après l'autre et toujours vers l'avant.

Le temps est l'allié du Capricorne, confiant et méticuleux, il voit loin et sait que certaines choses demandent de la patience. Il apprécie le travail bien fait, alors il sait mettre tout en œuvre en amont pour préparer les actions à mener lorsque le temps sera venu. Calme, discret et capable d'une grande concentration, il saura cheminer subtilement à vos côtés.

DÉTERMINÉE À RÉUSSIR

Signe de terre, il évoque les champs en jachère toute la saison durant. Et si l'on pense souvent, qu'en cette période il ne se passe rien et que l'on est vouée à l'inaction, il ne s'agit pas tout à fait de cela. Bien au contraire, c'est à ce moment-là que la terre est spécifiquement travaillée pour être prête à accueillir les semences du printemps. Sans cela, rien de bon ne poussera. C'est alors aussi cela que nous inspire la saison du Capricorne : prendre soin de notre terre intérieure, de notre intériorité, de notre terreau sacré pour plus tard planter les graines de nos rêves, de nos idées et de nos projets quand reviendront les beaux jours.

Indépendant et solitaire, le Capricorne nous invite à l'introspection et à la réflexion. Qu'avons-nous déjà réalisé l'année précédente ? De quoi avons-nous besoin pour celle à venir ? Pour quel projet sommes-nous prête à nous engager ?

Oui, c'est cela la magie à laquelle nous invite la saison du Capricorne.

Un temps pour passer du rêve au projet, en toute simplicité.

♑

Abraca'DIY

Mon gardien du Rêve

Pour prendre soin de votre vision, je vous propose de modeler dans l'argile un gardien du Rêve. Vous pouvez le fabriquer à l'issue de votre réflexion du mois, lorsque vous aurez clarifié votre vision pour l'année à venir. Il trouvera ensuite sa place sur votre autel.

Matériel

- De l'argile que vous pouvez acheter dans votre boutique de loisirs créatifs préférée
- Un petit bol d'eau et une éponge pour humidifier l'argile et la travailler
- Une tige ou un cure-dent
- Une bande de papier de 1,5 cm x 10 cm et un crayon de papier

Fabrication

Installez-vous confortablement à votre plan de travail. Ouvrez votre cercle de pratiques magiques et créatives (p. 18). Prenez une boule d'argile dans vos mains pour la façonner. Concentrez-vous sur votre projet pour l'année à venir et laissez vos mains modeler votre gardien du Rêve. Ce peut être une forme abstraite arrondie, ovale, conique ou bien encore, selon vos talents, un personnage, un animal, un objet. Faites confiance à votre magie. Lorsque vous sentez que vous avez terminé votre création, sous votre gardien, créez un espace, comme un petit tube de 0,5 cm de diamètre et de 3 cm de profondeur environ. Puis, avec délicatesse, retournez votre création et laissez-la sécher (au moins 5 jours selon sa taille).

Rituel d'activation

Sur la bande de papier, écrivez au crayon votre projet pour cette nouvelle année. Roulez-la de façon bien serrée et glissez-la dans l'espace que vous avez créé à cet effet. Placez ensuite votre gardien du Rêve au centre de votre autel et dites :

« Ô gardien du Rêve, j'en appelle à ton pouvoir sacré
Puisses-tu prendre soin de ce rêve que je t'ai confié.
Sous ton patronage, je le sais en sécurité.
Puisse ta magie m'aider à le réaliser. »

Prenez 3 grandes respirations puis refermez votre cercle de pratiques magiques et créatives (p. 18). Laissez la magie opérer !

Semaine 53

DU 27 DÉCEMBRE AU 2 JANVIER

Ma pensée de la semaine : joie de commencer cette nouvelle année !

L'année 2021 se termine, une année qui nous a toutes secouées. Et pourtant, il a bien fallu se relever, avancer, tout recréer. C'est maintenant l'heure du bilan. Alors, au programme de cette semaine : célébrez dans la joie chacune de vos réussites, entourez-vous des gens qui sont chers à votre cœur et régalez-vous de bons petits plats. Savourez cette ouverture aux nouveaux possibles comme il se doit.

LUNDI 27 ☾

MARDI 28

MERCREDI 29

JEUDI 30

MAGIE DU QUOTIDIEN

Mon mot de l'année

Les mots sont magiques s'ils sont choisis avec soin. Fermez les yeux un instant et laissez défiler dans votre esprit vos envies pour les 365 jours à venir. Trouvez ensuite LE mot qui scelle leur intention commune. Transformation, sérénité, renaissance, alignement, ancrage, quel est ce mot qui va vous inspirer ? Quand vous l'avez trouvé, dites-le à voix haute, plusieurs fois de suite, jusqu'à ressentir sa pleine vibration !

Notes

WITCHY TIPS

Abracadabra !

Voilà un mot aux origines mystiques. Plusieurs hypothèses existent sur sa signification, la plupart s'accordant à dire qu'il s'agit d'un mot de pouvoir, un mot guérisseur. Une des traductions proposées viendrait de l'araméen et voudrait dire «Je créerai d'après mes paroles.» Une formule qui scelle le pouvoir d'une incantation, lui donnant la force nécessaire pour œuvrer. Pour renforcer l'énergie de vos rituels, terminez votre incantation en utilisant ce mot magique.

To do list

VENDREDI 31

SAMEDI 1er

Jour de l'an

DIMANCHE 2 ●

L	M	M	J	V	S	D
27	28	29	30	31	1	2
3	4	5	6	7	8	9
10	11	12	13	14	15	16
17	18	19	20	21	22	23
24	25	26	27	28	29	30
31	1	2	3	4	5	6

DIVIN'ACTION

Les 12 premiers jours de l'année

On raconte que les 12 premiers jours de l'année portent en eux une magie toute particulière. Ils seraient le reflet des 12 mois à venir. Ouvrez grands les yeux, soyez attentive aux petits détails du quotidien et, chaque jour, tirez une carte de votre tarot préféré. Puis, dans votre carnet de divination ou dans votre grimoire, inscrivez le mois concerné et notez le message de la carte. En fin de mois, venez y jeter un coup d'œil et notez les concordances !

TRACKERS

Méditation ○○○○○○○○○

Contemplation ○○○○○○○○○

Sommeil ○○○○○○○○○

Semaine 1

DU 3 AU 9 JANVIER

Ma pensée de la semaine : j'accueille en douceur le calme et la volupté de l'hiver

Après les fêtes de fin d'année, cette semaine vous invite au dépouillement. Comme la nature sait si bien le faire en hiver, laissez aller ce qui était pour vous préparer à accueillir ce qui sera. Cette semaine, il n'y a rien d'autre à faire que de ne rien faire. Être, oui, simplement être. Un moment à soi, pour soi, comme suspendu dans le temps. Accueillez la magie du vide créateur car vos rêves ont besoin de calme et de silence pour prendre toute leur ampleur.

LUNDI 3

MARDI 4

MERCREDI 5

JEUDI 6

MAGIE DU QUOTIDIEN

Du chaud et du doux

Alors que dehors le froid règne, regagnez votre intérieur pour cocooner, seule ou bien accompagnée. Du chaud et du doux, voilà tout ce dont vous avez besoin pour nourrir votre monde intérieur. C'est le moment de ressortir votre plaid douillet, vos chaussettes en laine et votre pilou-pilou. Faites chauffer de l'eau, ajoutez-y une cuillère à café de miel et du thym pour vous protéger du vilain rhume de l'hiver. Il n'y a pas meilleure potion magique pour prendre soin de soi en ce début d'année.

Notes

WITCHY TIPS

L'ours, votre animal totem de l'hiver

Se reposer, se ressourcer, dormir paisiblement en rêvant des beaux jours tout l'hiver durant, voilà l'invitation de l'ours en ce mois de janvier. Il vous invite à le retrouver dans sa grotte, un espace où vous pourrez vous installer paisiblement à ses côtés. Un temps de repos nécessaire pour préparer les projets de l'année en toute sécurité sans avoir rien d'autre à faire qu'à rêver. Laissez-le vous protéger !

To do list

VENDREDI 7 SAMEDI 8 DIMANCHE 9 D

L	M	M	J	V	S	D
27	28	29	30	31	1	2
3	4	5	6	7	8	9
10	11	12	13	14	15	16
17	18	19	20	21	22	23
24	25	26	27	28	29	30
31	1	2	3	4	5	6

DIVIN'ACTION

Choisir son jeu de prédilection

Durant ce temps de réflexion, prenez soin de choisir le jeu qui va vous accompagner toute l'année. Pour s'initier, on recommande toujours de commencer par un jeu traditionnel comme le tarot de Marseille ou le Rider-Waite afin d'apprendre à décoder les symboles ; si la connexion avec votre jeu est bien là, la magie peut opérer quoi qu'il en soit. Pour bien le choisir, prêtez attention aux illustrations, aux couleurs, à l'épaisseur des cartes, à la qualité et au contenu du livret d'explications. Écoutez vos ressentis quand vous le manipulez. Entendez son appel.

TRACKERS

Méditation ○○○○○○○○○

Contemplation ○○○○○○○○○

Sommeil ○○○○○○○○○

Semaine 2

DU 10 AU 16 JANVIER

Ma pensée de la semaine : je me connecte à ma vibration personnelle

En vous coule une sève incroyable, une énergie de vie, une puissance créatrice, une force qui vous anime. Trop souvent, dans nos quotidiens agités, nous nous éloignons d'elle. Il s'agit là de votre vibration personnelle, votre signature unique : tête, corps et cœur. Vous reconnecter à votre espace du vivant, c'est trouver en vous les ressources nécessaires pour nourrir votre vision. Voilà le défi de cette nouvelle semaine car, connectée à soi, à l'essentiel, tout est possible !

LUNDI **10**

MARDI **11**

MERCREDI **12**

JEUDI **13**

MAGIE DU QUOTIDIEN

Inspirez... Expirez... Laissez-vous respirer

Pour prendre soin de son énergie de vie, rien de mieux que de se connecter à sa respiration. Asseyez-vous confortablement, posez la main droite sur votre ventre et la gauche sur votre cœur. Prenez une profonde inspiration par le nez en gonflant votre ventre et soufflez doucement par la bouche en rentrant le ventre. Reprenez ensuite une respiration naturelle. Répétez cela 3 à 5 fois et visualisez la magie de votre respiration se diffuser dans chacune de vos cellules.

Notes

WITCHY TIPS

La médecine du sapin

Entre ciel et terre, le sapin est un enseignant à nul autre pareil. Fièrement dressé au cœur de la forêt, il nous rappelle l'importance de l'ancrage, de l'équilibre et de la résistance par tous les temps. Une connexion à soi essentielle qui nous permet de garder nos pieds bien ancrés au sol et de lever nos yeux vers les sommets si l'on veut se donner toutes les chances de réaliser nos rêves et nos projets.

To do list

VENDREDI **14**

SAMEDI **15**

DIMANCHE **16**

L	M	M	J	V	S	D
27	28	29	30	31	1	2
3	4	5	6	7	8	9
10	11	12	13	14	15	16
17	18	19	20	21	22	23
24	25	26	27	28	29	30
31	1	2	3	4	5	6

DIVIN'ACTION

Vous avez tiré : le Mat

C'est par cette carte du tarot que commence le voyage à la rencontre de soi-même. Sentez-vous l'appel qui résonne en vous, ce grand projet qui vous attire et pour lequel il est temps de vous investir ? Vous êtes destinée à faire de grandes choses. Ici et maintenant, le voyage commence. Allez-vous répondre à cet élan du cœur, cet appel de l'âme ? Préparez vos bagages : vos rêves, vos envies, votre optimisme, votre volonté et votre détermination !

TRACKERS

Méditation ○○○○○○○○

Contemplation ○○○○○○○○

Sommeil ○○○○○○○○

Semaine 3

DU 17 AU 23 JANVIER

Ma pensée de la semaine : je demande un coup de pouce à l'Univers

Souvenez-vous que vous êtes assez et que vous pouvez réussir tous les projets que vous choisissez d'entreprendre. Vous pouvez réaliser vos rêves dans la joie, avec facilité, plaisir et, bien sûr, avec une touche de magie. Oui, osez demander à l'Univers son aide si précieuse. Laissez-le vous aider à réussir et à mettre sur votre chemin tout ce dont vous avez besoin pour vous lancer en confiance et réaliser votre vision. Demandez et vous obtiendrez !

LUNDI **17**

MARDI **18** ○

MERCREDI **19**

JEUDI **20**

MAGIE DU QUOTIDIEN

Ma pizza cosmique

Si l'Univers est toujours prêt à vous aider, il a besoin de quelques précisions pour s'activer. Commandez votre pizza cosmique ! Tout comme vous choisissez vos ingrédients préférés, indiquez exactement ce que vous voulez, c'est-à-dire les résultats concrets que vous attendez. Précisez aussi une date de livraison, sinon vous risquez d'attendre longtemps. Là est le pouvoir de la loi de l'attraction : en vous fixant un but avec justesse et clarté, vous vous programmez pour l'atteindre dans les meilleurs délais.

Notes

WITCHY TIPS

L'oeil-de-faucon

Avec ses tons sombres et ses reflets gris, bleus et dorés, cette pierre vous aidera dans tous vos travaux de visualisation en développant votre clarté d'esprit. Si vos pensées sont trop agitées ou vos projets trop flous, posez-la quelques instants contre votre front, prenez 3 grandes respirations et observez un temps de méditation. Elle vous aidera à visualiser celle que vous serez lorsque vous célébrerez la réussite de vos projets.

To do list

VENDREDI 21

SAMEDI 22

DIMANCHE 23

L	M	M	J	V	S	D
27	28	29	30	31	1	2
3	4	5	6	7	8	9
10	11	12	13	14	15	16
17	18	19	20	21	22	23
24	25	26	27	28	29	30
31	1	2	3	4	5	6

DIVIN'ACTION

Le grand tirage de mon année

Après un temps pour vous recentrer et poser votre intention « Mon grand projet 2022 », mélangez les cartes et étalez-les devant vous en arc de cercle. La main droite posée sur le cœur, choisissez avec la main gauche les 12 premières cartes qui vous indiqueront la bonne attitude à adopter pour mener à bien votre projet (une par mois). Puis tirez à nouveau 12 autres cartes que vous poserez sur les premières ; elles indiquent les ressources que vous devrez activer pour dépasser les difficultés.

TRACKERS

Méditation ○○○○○○○○○

Contemplation ○○○○○○○○○

Sommeil ○○○○○○○○○

Semaine 4

DU 24 AU 30 JANVIER

Ma pensée de la semaine : si je peux le rêver, je peux le réaliser

Votre vision a besoin de rêves pour se construire et se développer. Si les rêves nocturnes sont de vastes espaces de liberté, les rêves diurnes le sont tout autant si l'on sait les guider. Offrez-vous des temps de qualité pour vos rêves éveillés. Installez-vous confortablement, laissez vos pensées s'envoler et soyez consciemment l'héroïne de tous vos projets. Plus tard, votre inconscient fera œuvrer sa magie pour vous aider à trouver la meilleure façon de les mettre en œuvre dans la réalité.

LUNDI **24**

MARDI **25** ☾

MERCREDI **26**

JEUDI **27**

MAGIE DU QUOTIDIEN

La détox digitale (re)enchantée

Et si vous osiez la détox digitale pour faire de la place à vos rêves éveillés ? Des études ont montré que s'ennuyer permet à des zones du cerveau de se connecter entre elles pour une meilleure créativité. Qu'il s'agisse de vous déconnecter des réseaux une journée, d'éteindre un peu plus tôt la télé ou bien encore de limiter vos appels en journée comme en soirée, vous n'imaginez pas l'espace pour rêver dont vous allez pouvoir profiter !

Notes

WITCHY TIPS

Mon sachet attrape-rêves à glisser sous l'oreiller

Pour vous aider à rêver quand vient le temps du coucher, voici mon secret : une pochette découpée dans un tissu violet où j'ai glissé ma pierre roulée préférée (un œil-de-faucon, pierre de l'ouverture et de la vision), quelques brins de lavande (bien connue pour ses effets apaisants). Le tout parfumé avec une brume d'eau de fleur d'oranger pour une touche relaxante et noué avec un fil doré.

To do list

VENDREDI 28

SAMEDI 29

DIMANCHE 30

L	M	M	J	V	S	D
27	28	29	30	31	1	2
3	4	5	6	7	8	9
10	11	12	13	14	15	16
17	18	19	20	21	22	23
24	25	26	27	28	29	30
31	1	2	3	4	5	6

DIVIN'ACTION

Mon carnet de rêves

Vos rêves diurnes comme nocturnes sont des outils de divination à part entière. Dans votre carnet de divination, inscrivez la date du jour et tous les détails dont vous vous souvenez. Si vous sentez que l'histoire vous échappe, essayez de décrire les couleurs, les symboles, les personnes et les lieux du mieux que vous pouvez. Garder une trace de vos rêves vous permettra de mieux saisir les messages subtils qui vous sont envoyés durant la nuit.

TRACKERS

Méditation ○○○○○○○○○

Contemplation ○○○○○○○○○

Sommeil ○○○○○○○○○

Semaine 5

DU 31 JANVIER AU 6 FÉVRIER

Ma pensée de la semaine : je manifeste ma vision, je suis ma vision

Saviez-vous que le cerveau ne fait pas la différence entre ce qu'il imagine et ce qui existe vraiment? C'est là qu'intervient la magie de la manifestation. Faire comme si, voilà le secret des sorcières. Faites comme si vous aviez déjà fait cette rencontre formidable ou comme si vous aviez enfin obtenu ce job de rêve et observez comment tout cela transforme votre environnement, vos comportements, vos capacités et vos croyances. Incarnez pleinement votre vision!

LUNDI **31**

MARDI **1er** ●

MERCREDI **2**

JEUDI **3**

MAGIE DU QUOTIDIEN

Les mots de pouvoir

Vous l'avez compris, les mots portent en eux un pouvoir et ils peuvent nous aider à manifester notre vision. On dit que l'Univers fonctionne par fréquence et chaque mot que vous prononcez émet une certaine vibration. Alors mettez de la magie dans votre vocabulaire pour manifester votre vision. Exit les «Il faut que» et les «Je devrais» qui sonnent comme des obligations. Changez de fréquence et dites «Je choisis de» et sentez la force de ces mots résonner en vous et autour de vous.

Notes

WITCHY TIPS

Mon rituel de manifestation

Cette semaine, profitez des énergies de la nouvelle lune pour manifester votre vision, c'est là que tout commence. Pendant 14 jours, jusqu'à la pleine lune, tournée vers le ciel, répétez tous les soirs avant de dormir : « Oui, je suis capable de réussir tout ce que j'entreprends, qu'il en soit ainsi. » Souriez face à l'immensité du ciel et, comme la lune qui se fera plus ronde soir après soir, observez la force de votre vision grandir chaque jour, se renforcer et se manifester au quotidien.

To do list

VENDREDI 4

SAMEDI 5

DIMANCHE 6

L	M	M	J	V	S	D
27	28	29	30	31	1	2
3	4	5	6	7	8	9
10	11	12	13	14	15	16
17	18	19	20	21	22	23
24	25	26	27	28	29	30
31	1	2	3	4	5	6

DIVIN'ACTION

Une carte par jour pour soutenir votre vision

Tirez une carte parmi les arcanes majeurs de votre tarot. Fermez les yeux, prenez une profonde inspiration et demandez à votre jeu quelle posture il serait bon que vous adoptiez aujourd'hui pour continuer à manifester votre vision. Puis, avec votre main gauche, tirez une carte et imprégnez-vous de son énergie, de son message. Inspirez-vous de sa force et incarnez cette posture dans tous les aspects de votre vie au service de votre vision.

TRACKERS

Méditation ○○○○○○○○○○

Contemplation ○○○○○○○○○○

Sommeil ○○○○○○○○○○

Ma roue des lunes de janvier

Chaque jour, complétez votre roue des lunes pour mieux appréhender votre flow de magie au regard de votre cycle menstruel et du cycle lunaire. Soyez attentive à vos ressentis psychiques, physiques et émotionnels.

lunes

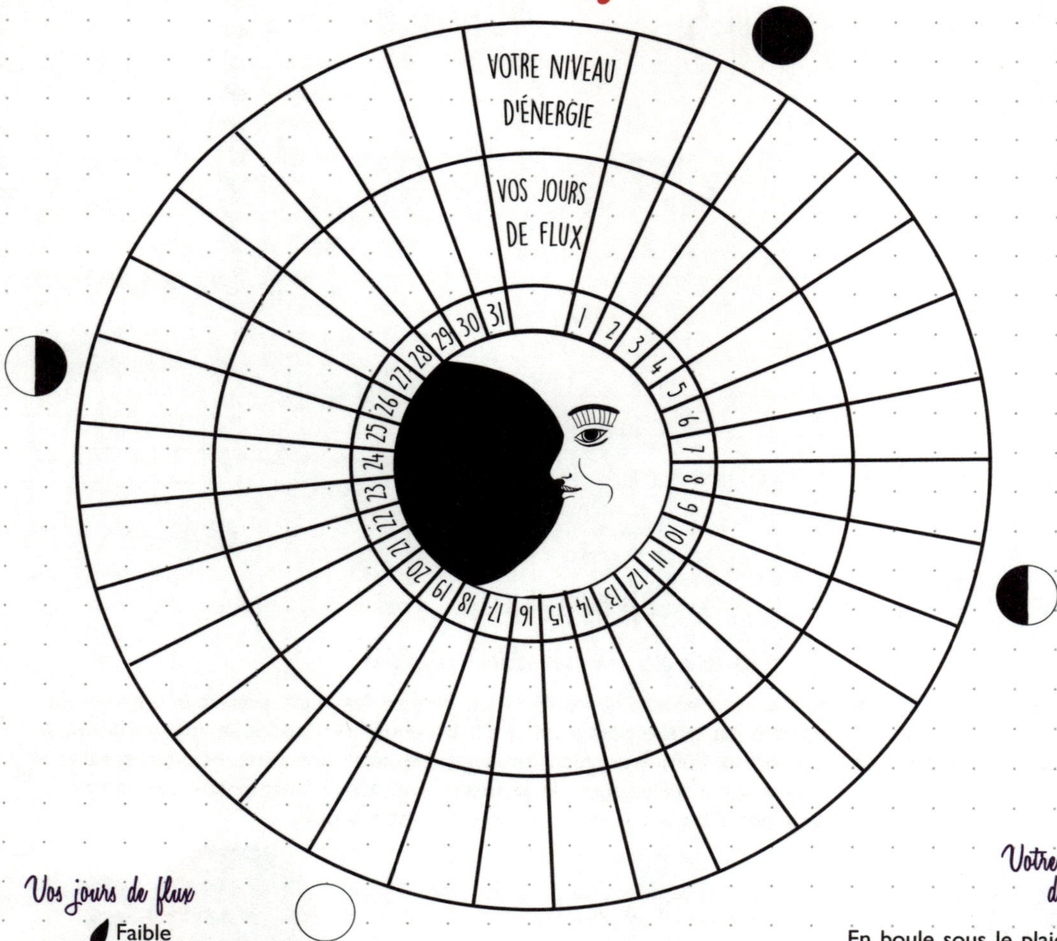

Vos jours de flux

- Faible
- Modéré
- Intense

Votre niveau d'énergie

- En boule sous le plaidou
- Une tisane et c'est reparti !
- Prête à déplacer des montagnes !

Mon grimoire de janvier

Pour enrichir votre grimoire et garder une trace de votre exploration à la rencontre de votre magie personnelle, je vous propose de réaliser 3 activités ludiques, créatives et intuitives.

J'ÉCRIS MON JOURNAL DE SORCIÈRE

Quel est mon mot pour cette nouvelle année ? Pourquoi l'ai-je choisi ?

....

Sur quel grand projet ai-je choisi de concentrer ma magie cette année ?

....

De quoi ai-je besoin pour m'aider à réaliser mon projet ? Ce peut être une nouvelle compétence, l'aide d'une personne, le courage de changer, etc.

....

MON FAMILIER, TOUJOURS À MES CÔTÉS

Quelle sorcière n'est pas accompagnée par son familier ? Pour vous aider dans la réalisation de ce projet qui vous tient à cœur, amusez-vous à dessiner le familier qui va cheminer à vos côtés. Ce peut être votre animal de compagnie ou bien une créature imaginaire. Laissez parler votre créativité ! Une fois votre dessin terminé, inscrivez en dessous le nom magique que vous souhaitez lui donner. Idéal pour l'invoquer dans vos pensées si vous avez besoin de son aide pour surmonter les obstacles qui pourraient se présenter tout au long de l'année.

JE RÉALISE MON TABLEAU DE VISION

Mettez en image votre grand projet pour cette nouvelle année !

En pratique

- Je m'installe dans un endroit confortable où je ne serai pas dérangée.
- Je pose avec clarté mon intention pour l'année « Mon grand projet 2022 ».
- Je réunis des images et des illustrations qui m'inspirent, issues de magazines, Pinterest, Instagram, etc.
- Je me laisse guider par mon intuition pour assembler tout cela sur une feuille cartonnée ou une carte (à glisser ensuite entre ces pages).
- J'ajoute des embellissements selon mes envies : stickers, paillettes, rubans, strass, etc.
- Une fois terminé, je pense à donner un titre à mon tableau et à noter la date.
- Je prends le temps d'observer et d'apprécier le travail réalisé.

Ma cérémonie 1er février

Imbolc

Voici le temps de fêter Imbolc, un sabbat majeur, issu de la tradition celtique. On célèbre à cette occasion le retour grandissant du soleil après les longues nuits de l'hiver, le temps du renouveau. D'ailleurs, pour honorer la lumière qui se fait de plus en plus présente, il est de coutume d'allumer des bougies blanches aux fenêtres. Un symbole repris par la Chandeleur, la fête des chandelles !

En gaélique, *Imbolc* signifie « dans le ventre » et fait référence à la terre qui, après les jachères, est prête à recevoir les nouvelles semences. C'est le moment de l'année où naissent les agneaux et où les perce-neige font leur apparition. La nature se réveille.

J'HONORE LE RENOUVEAU DE LA NATURE (ET LE MIEN)

En tant que sorcière-gardienne de la Terre, je vous propose un rituel pour vous reconnecter à la nature et ses cycles. Pour cela, rendez-vous en forêt dans un espace confortable, un peu à l'écart du passage, qui vous inspire le calme et la sérénité.
Apportez avec vous l'équivalent d'un verre de lait et un peu de miel.
Assise au pied d'un arbre, déposez vos offrandes et remerciez la nature pour ses bienfaits. L'air que vous respirez, le feu qui vous réchauffe, l'eau qui étanche votre soif et la terre sur laquelle chaque jour vous marchez.
Puis, les mains posées sur le tronc d'un arbre, en couronne autour d'un plan de perce-neige ou tout simplement à même le sol, récitez l'incantation suivante :

« Je suis sorcière, gardienne de la Terre
Je vis au rythme de la nature, je fais partie de la nature
Sous le patronage des éléments, à elle je me relie ici et maintenant. »

Versez à présent les offrandes sur le sol et sentez la connexion qui vous unit à ce grand tout, plus vaste que vous, que nous.
Après un temps de silence, de méditation sur ce nouveau cycle qui s'annonce et pour lequel vous êtes maintenant prête, rangez soigneusement vos affaires. Remerciez la forêt de vous avoir accueillie pour ce rituel, reprenez le cours de votre journée et laissez la magie infuser.

Février

LIBÉRÉE, DÉLIVRÉE !

Le mois de février s'ouvre avec la célébration d'Imbolc, temps du renouveau après les longues nuits de l'hiver. Comme la nature qui se réveille en douceur après un long sommeil, c'est le moment idéal pour déployer votre magie quelque peu endormie et la mettre au service de la réalisation de vos projets de vie.

Dehors, la sève monte dans les arbres, les oiseaux se remettent à chanter mais, si l'on est naturellement attirée par cette lumière qui nous invite à profiter à nouveau de l'extérieur, la fraîcheur demeure. Encore bien emmitouflée dans votre manteau d'hiver et bercée par les rêves de ce début d'année, il est temps de vous remettre doucement en mouvement.

Pour cela, je vous invite à un grand ménage de printemps. Un temps pour vous libérer de tout ce qui ne vous convient plus aussi bien dans votre esprit, votre corps que votre cœur. Délestez-vous de ce qui vous freine, vous entrave, vous court-circuite et vous empêche de vous réaliser.

Astro vibes

Verseau

Le vent du changement

La saison du Verseau est comme une bouffée d'air frais qui mène vers les beaux jours et leur énergie solaire. Le Verseau porte en lui les énergies du changement. Après l'organisation méticuleuse du Capricorne, il est comme une bourrasque qui réveille tout sur son passage.

BYE BYE COCOONING

Résolument tourné vers l'avenir, ce signe d'air transporte avec lui des idées nouvelles, originales. Rebelle dans l'âme, le Verseau est capable de prendre rapidement et efficacement les décisions nécessaires pour se mettre en mouvement. Des décisions qui peuvent surprendre son entourage mais qu'il sait toujours justes. Il est alors temps de vous préparer à quitter votre mood cocooning au coin du feu pour sortir de votre zone de confort et vous préparer à l'action.

La saison du Verseau, c'est le moment idéal pour questionner votre dynamique personnelle maintenant que vous avez clarifié votre vision pour l'année à venir. De quoi avez-vous besoin pour avancer sereinement et en confiance ? Que se passera-t-il si vous persistez à ne pas prendre soin de vous, à vous oublier ? Aujourd'hui, qu'est-ce qui vous court-circuite, vous freine ? Quelles sont ces relations qui vous vampirisent, vous empêchent d'avancer et dont il est temps de vous libérer ?

J'AVANCE DANS LA BONNE DIRECTION

Le vent du changement, de la transformation, s'apprête à souffler. Soyez attentive aux signes qui se présenteront à vous. Telle une boussole, votre intuition vous guidera, faites-lui confiance, écoutez les messages de votre corps et portez attention à la vibration de votre cœur. Puisse la saison du Verseau vous guider sur votre chemin de beauté.

Abraca'DIY

Mon sel de protection

En magie, le sel est un puissant allié de la sorcière. Cet ingrédient est bien connu pour ses vertus purificatrices et protectrices. Créez votre propre sel pour repousser les énergies négatives qui entravent vos projets.

Matériel de base

- 3 c. à s. de sel marin en gros grains
- Un bâton de fumigation
- Une coupelle
- Un mortier
- Une fiole
- Un bol contenant 1 c. à c. de curcuma, de curry et d'oignon en poudre

Fabrication

Installez-vous à votre plan de travail et ouvrez votre cercle de pratiques magiques et créatives (p. 18). Purifiez votre fiole en allumant votre bâton de fumigation et en laissant la fumée y pénétrer. Concentrez-vous sur l'intention désirée et, dans le bol, mettez le sel marin et ajoutez les ingrédients dédiés. En conscience, mélangez d'abord votre préparation puis moulez-la avec le mortier. Enfin, avec une cuillère ou un entonnoir, remplissez la fiole soigneusement. Pour activer votre sel, mettez vos mains au-dessus de la fiole et répétez 3 fois dans votre tête : « Puisse ce sel me protéger, que sa magie œuvre subtilement à mes côtés. » Refermez ensuite votre fiole et créez une étiquette rappelant votre intention et les ingrédients utilisés.

Sachez aussi que si la préparation n'est pas destinée à être utilisée immédiatement, il est important de la conserver à l'abri de la lumière et de la chaleur afin de ne pas laisser sa magie se dissiper.

Rituel d'activation

Pour activer la magie de votre sel, ouvrez votre fiole et déposez le contenu dans une coupelle. Vos mains au-dessus, répétez la formule magique utilisée pour sa fabrication en rappelant son intention. Placez-la à l'abri des regards, au-dessus d'un meuble ou dans le tiroir de votre bureau. Laissez la magie opérer !

Semaine 6

DU 7 AU 13 FÉVRIER

Ma pensée de la semaine : j'apaise mon brouhaha mental

Pour attirer à soi les bonnes choses de la vie, il est nécessaire de faire de la place pour les accueillir, à commencer dans vos pensées. Lorsque celles-ci prennent trop de place, il est alors nécessaire de purifier votre esprit et d'apaiser votre charge mentale. Inspirez le positif, expirez le négatif, tout va bien se passer.

LUNDI 7

MARDI 8 D

MERCREDI 9

JEUDI 10

MAGIE DU QUOTIDIEN

Mon flot de pensées

Tous les matins, offrez-vous 5 minutes d'écriture libératrices. Ouvrez une nouvelle page de votre carnet préféré, mettez un minuteur et écrivez : la liste des courses, la to do list de la journée, ce drôle de rêve que vous avez fait. Bref, tout ce à quoi vous pensez. Ne vous relisez pas, ne vous corrigez pas, déposez seulement vos pensées sur le papier pour que votre esprit se sente en paix. Pour vous aider, installez une améthyste (apaisante) à vos côtés.

Notes

WITCHY TIPS

La magie de l'eucalyptus

Profitez d'une douche enchantée pour évacuer votre trop-plein de pensées. Pour cela, suspendez dans votre salle de bains un bouquet d'eucalyptus frais. Cette plante est bien connue pour ses vertus purifiantes et ses bienfaits respiratoires. Tandis que la vapeur d'eau active sa magie, ramenez votre attention sur votre respiration. Observez comme tout votre corps se détend à chaque nouvelle expiration. Vous voilà prête à suivre le cours de votre journée.

To do list

VENDREDI 11

SAMEDI 12

DIMANCHE 13

L	M	M	J	V	S	D
31	1	2	3	4	5	6
7	8	9	10	11	12	13
14	15	16	17	18	19	20
21	22	23	24	25	26	27
28	1	2	3	4	5	6

DIVIN'ACTION

Je nettoie mon jeu avec la fumigation

Tout comme vous prenez soin de votre esprit, il est nécessaire de nettoyer régulièrement votre jeu de tarot pour ne pas être polluée par les énergies des tirages précédents. Rassemblez toutes les cartes et passez-les dans la fumée du bâton de fumigation que vous aurez allumé. Oui, carte après carte. Ensuite, réunissez-les en paquet et frappez 3 coups dessus. Bien sûr, chacun de vos gestes doit être accompagné de votre intention de purification.

TRACKERS

Méditation ○○○○○○○○○

Contemplation ○○○○○○○○○

Sommeil ○○○○○○○○○

Semaine 7

DU 14 AU 20 FÉVRIER

Ma pensée de la semaine : je prends soin de mon corps

Maintenant que vos pensées sont plus apaisées, vous allez porter attention aux messages de votre corps. Il est votre maison, votre temple sacré, et il vous faut le purifier et le protéger. Cela passe bien sûr par les aliments que vous mangez, les boissons que vous buvez et la détente que vous lui accordez. Votre corps fait partie de vos biens les plus précieux. Prenez-en soin et il vous mènera loin.

LUNDI **14**
Saint Valentin

MARDI **15**

MERCREDI **16** ○

JEUDI **17**

MAGIE DU QUOTIDIEN

La monodiète

Pour permettre à votre système digestif de se reposer et à votre corps de se détoxifier, vous pouvez essayer de nouvelles habitudes alimentaires, toujours dans le respect de votre état de santé. Par exemple, une monodiète un jour par semaine pendant un mois. Au menu, de la pomme à volonté ! En compote, au four ou en quartiers, c'est le seul aliment autorisé dans la journée. Buvez de l'eau et des tisanes pour drainer les toxines. Le reste de la semaine, mangez équilibré et varié.

Notes

WITCHY TIPS

Ma potion détox

Bien sûr, rien de mieux que de l'eau pour se purifier. Buvez-vous les 1,5 à 2 litres d'eau par jour qui sont recommandés ? Pour faire de cette recommandation une potion, préparez la veille dans une bouteille d'1,5 litre votre eau magique aromatisée. Pour cela, ajoutez quelques tranches de citron (ne gardez l'écorce que s'ils sont bios), un peu de gingembre râpé (l'équivalent d'1 cm de gingembre frais) et du curcuma (1 c. à c.) pour leurs vertus stimulantes et protectrices.

To do list

VENDREDI 18

SAMEDI 19

DIMANCHE 20

L	M	M	J	V	S	D
31	1	2	3	4	5	6
7	8	9	10	11	12	13
14	15	16	17	18	19	20
21	22	23	24	25	26	27
28	1	2	3	4	5	6

DIVIN'ACTION

Vous avez tiré : le Bateleur

Installé à sa table de travail, le Bateleur s'affaire. Il sait que, pour continuer à œuvrer, il a besoin d'être en bonne santé. Son corps est son premier outil de travail et il doit veiller à ne pas trop se surmener. Il vous rappelle que vitalité rime avec endurance et que pour ne pas s'épuiser, mieux vaut se préserver. Face à lui est étalé uniquement ce dont il a besoin, pas de superflu, seulement ce qui est bienvenu.

TRACKERS

Méditation ○○○○○○○○○

Contemplation ○○○○○○○○○

Sommeil ○○○○○○○○○

Semaine 8

DU 21 AU 27 FÉVRIER

Ma pensée de la semaine : je me libère des relations toxiques

Votre esprit et votre corps sont maintenant calmes et apaisés, il est temps de vous libérer de ces relations qui ne vous conviennent plus. Pour avancer sereinement vers vos projets, vous ne devriez être entourée que de personnes bienveillantes. Des personnes qui vous soutiennent, vous encouragent et sont présentes à vos côtés dans les moments de joie comme dans les difficultés. En amour comme en amitié, veillez à être bien entourée.

LUNDI **21**

MARDI **22**

MERCREDI **23** ☾

JEUDI **24**

MAGIE DU QUOTIDIEN

Poupée magique

Lorsqu'il est temps de rompre un lien toxique, faites appel à la magie des dagydes. Il s'agit de poupées magiques que vous pouvez modeler dans de la cire, de la terre, du bois ou de l'argile. Mélangez de la terre, la photo découpée de la personne concernée et de l'eau pour former une pâte à modeler. Donnez-lui une forme humaine et laissez sécher. Lorsque vous êtes prête, allez près d'un cours d'eau et déposez-la dans son lit en demandant à sa magie d'emporter loin cette relation toxique.

Notes

WITCHY TIPS

Mon balai enchanté

Je vous propose d'enchanter votre balai pour vous avertir des visiteurs indésirables ! Placez-vous près de votre porte d'entrée avec votre balai et prononcez : « Toi qui sais si bien repousser la saleté, je compte sur toi pour m'avertir des visiteurs mauvais. Puisses-tu à terre tomber lorsque de chez moi ils oseraient approcher. » Faites ensuite tomber votre balai 3 fois au sol puis remettez-le à sa place habituelle. Observez ce qui se passe lors des prochaines visites que vous recevrez !

To do list

VENDREDI 25

SAMEDI 26

DIMANCHE 27

L	M	M	J	V	S	D
31	1	2	3	4	5	6
7	8	9	10	11	12	13
14	15	16	17	18	19	20
21	22	23	24	25	26	27
28	1	2	3	4	5	6

DIVIN'ACTION

Le tirage du mentor

Ce tirage va vous permettre de prendre conseil auprès d'une personne de confiance afin de vous sentir entourée et protégée. Triez d'abord vos cartes, d'un côté les arcanes majeurs et de l'autre les mineurs puis battez chacun des paquets. Posez votre question à voix haute puis piochez dans le premier paquet pour révéler l'arcane-mentor qui va vous inspirer. Dans le deuxième, piochez une carte pour découvrir son conseil.

TRACKERS

Méditation ○○○○○○○○

Contemplation ○○○○○○○○

Sommeil ○○○○○○○○

Semaine 9

DU 28 FÉVRIER AU 6 MARS

Ma pensée de la semaine : j'ouvre la porte à mes émotions

Maintenant que votre espace personnel est libéré de tout ce qui pouvait l'entraver, il est temps d'accueillir sereinement vos émotions, qu'il s'agisse de la joie, la tristesse, la peur ou bien la colère. Déposez cette cuirasse protectrice que vous portez depuis bien trop longtemps. Vos émotions vous veulent du bien, elles ont seulement un message à vous délivrer. Écoutez-les !

LUNDI **28**

MARDI **1er**

MERCREDI **2** ●

JEUDI **3**

MAGIE DU QUOTIDIEN

La magie du chant spontané

Il vient du cœur, intuitif, sauvage et éphémère. Un chant qui n'appartient qu'à vous et dont la magie libère instantanément vos émotions. Chez vous ou en pleine nature, tenez-vous droite et posez une main sur le ventre, l'autre sur le cœur. Prenez une profonde inspiration et libérez les sons. C'est peut-être un « O », un « A » ou bien encore une mélodie. Accueillez ce qui cherche à s'exprimer à travers ces vibrations, quelles qu'elles soient. Sentez ensuite comme il bon d'avoir libéré votre voix.

Notes

WITCHY TIPS

Le défi de la louve

Chaque sorcière porte en elle l'esprit sauvage de la louve. Un animal qui sait affronter le danger comme s'en préserver. Avec le temps et l'expérience, la louve a appris à prendre soin d'elle et à protéger sa meute des prédateurs. Connectée à ses émotions comme à un sixième sens, elle sait comment adapter son comportement à chaque nouvelle situation. Comme elle, apprenez à faire confiance à vos émotions.

VENDREDI 4

SAMEDI 5

DIMANCHE 6

To do list

L	M	M	J	V	S	D
31	1	2	3	4	5	6
7	8	9	10	11	12	13
14	15	16	17	18	19	20
21	22	23	24	25	26	27
28	1	2	3	4	5	6

DIVIN'ACTION

Vous avez tiré : la Force

Si vous pensez que cet arcane valorise la force physique, prenez un instant pour regarder de plus près l'illustration… Il est question ici d'une force intérieure, une force sauvage, animale, capable de dépasser la peur, de repousser tout ce qui est négatif et de vous protéger pour pouvoir réaliser tous vos projets. Une force de caractère à toute épreuve, une magie bien trop souvent enfouie au fond de soi. Maintenant que vous prenez conscience de son existence, faites-lui de la place et laissez-la s'exprimer !

TRACKERS

Méditation ○○○○○○○○○

Contemplation ○○○○○○○○○

Sommeil ○○○○○○○○○

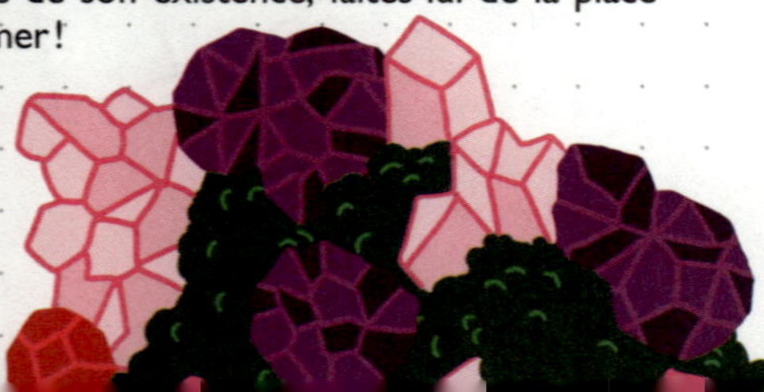

Ma roue des lunes de février

Chaque jour, complétez votre roue des lunes pour mieux appréhender votre flow de magie au regard de votre cycle menstruel et du cycle lunaire. Soyez attentive à vos ressentis psychiques, physiques et émotionnels.

lunes

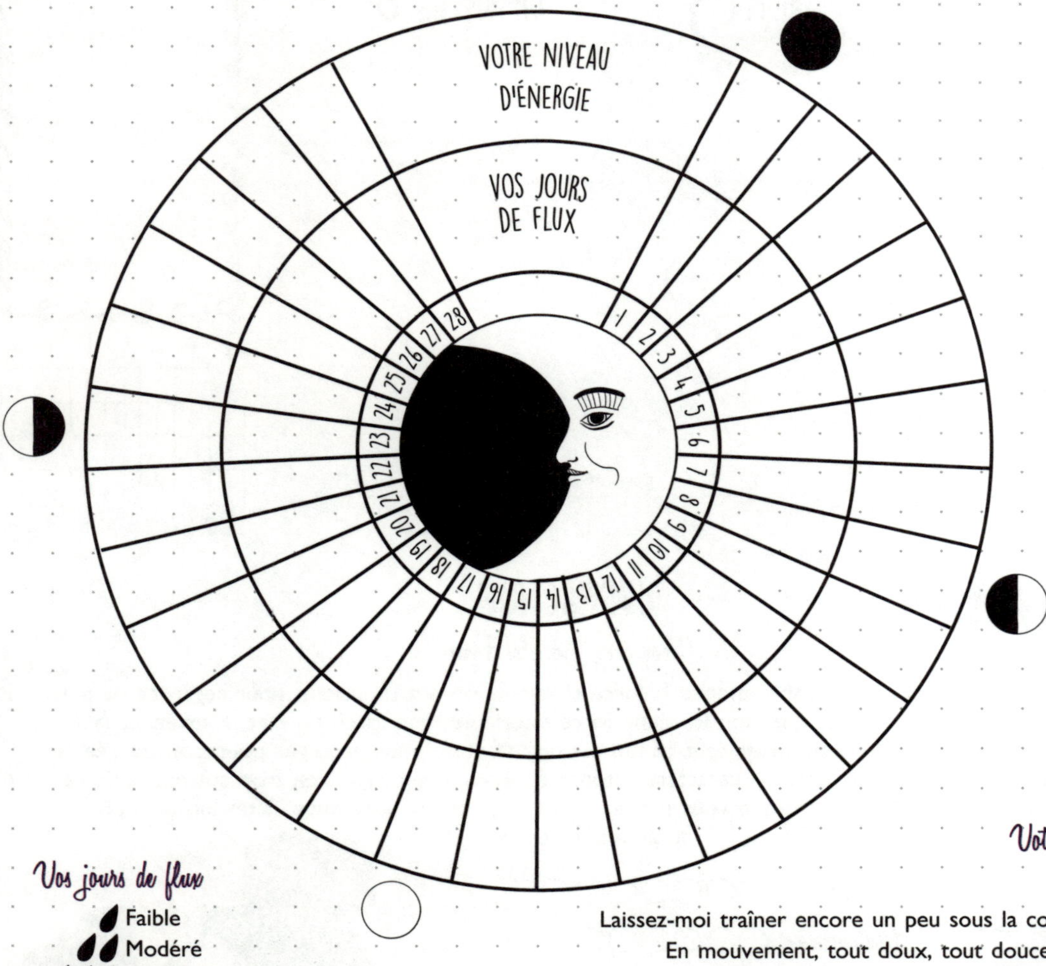

Vos jours de flux

Faible
Modéré
Intense

Votre niveau d'énergie

Laissez-moi traîner encore un peu sous la couette
En mouvement, tout doux, tout doucement
Le soleil vient de se lever, plus rien ne peut m'arrêter

Mon grimoire de février

Pour enrichir votre grimoire et garder une trace de votre exploration à la rencontre de votre magie personnelle, je vous propose de réaliser 3 nouvelles activités ludiques, créatives et intuitives.

MON BOUCLIER DE PROTECTION

Représentez votre bouclier de protection pour éloigner de vous toutes les énergies négatives qui pourraient vous bousculer au quotidien.

En pratique

- Sur une nouvelle page de votre grimoire, tracez un cercle.
- Au crayon à papier, tracez une grande croix pour le diviser en 4 parties égales.
- Dans chacune d'elles, dessinez les 4 symboles de purification et de protection que vous avez découverts ce mois-ci : l'améthyste, l'eucalyptus, le balai et la louve.
- Soyez rassurée, vos dessins n'ont pas à être parfaits, ce qui compte, c'est l'intention que vous mettez dans chacun de vos traits.

J'ÉCRIS MON JOURNAL DE SORCIÈRE

Chez moi, quelle est cette pièce où je me sens naturellement en sécurité, calme, détendue et relaxée? Pourquoi?

....

De qui est composé mon premier cercle d'amitié, ces personnes sur qui je peux compter à toute heure?

....

Quelles sont les 50 choses que j'ai déjà et que j'ai à cœur de protéger?

....

MON LIEU RESSOURCE

Sortez votre trousse enchantée (ciseaux, colle et stylos) et laissez votre créativité s'exprimer!

Nous avons toutes la capacité d'imaginer un lieu ressource qui nous évoque le calme et la sécurité. Un lieu réel ou imaginaire, où l'on peut se réfugier pour se ressourcer dès que l'on en ressent le besoin. Partez à la chasse aux jolies images, que ce soit dans votre magazine préféré ou sur Pinterest, imprimez et/ou découpez les illustrations qui vous inspirent lorsque vous pensez à cet endroit et collez-les sur une nouvelle page de votre grimoire (ou sur une feuille libre que vous pourrez ensuite glisser entre les pages de votre agenda).

Mon rituel

Purification et protection de mon habitation

Notre habitation est un espace sacré dont il convient de prendre soin tout au long de l'année. Tout comme votre corps et votre esprit, il est bon de nettoyer ce lieu, de le purifier et de le protéger au quotidien afin de toujours vous y sentir bien.

AVANT DE COMMENCER

• Asseyez-vous dans votre salon et repérez avec une boussole les points cardinaux.
• Disposez sur votre autel rituel du sel marin dans une coupelle.
• Prenez un instant pour vous connecter avec le cœur à l'esprit de votre habitation. Remerciez-le pour sa protection et ouvrez grandes les fenêtres pour faire circuler les énergies et libérer ce qui a besoin de l'être.
• Puis ouvrez votre cercle de pratiques magiques et créatives (p. 18).

J'APPELLE LA MAGIE DES DIRECTIONS

• Face à votre autel, faites brûler votre bâton de fumigation au-dessus de la coupelle de sel. Assurez-vous que les cendres tombent bien dedans pendant toute la durée du rituel.
• Prononcez les paroles suivantes :

« En ce jour et en cette heure,
Que soit protégée cette demeure
Puisse la magie de ce sel enchanté,
Faire de cette habitation, un espace sécurisé »

• Répétez cette incantation en vous tournant vers chacune des 4 directions.
• Déposez le sel et les cendres dans un mortier et moulez votre préparation avant de la verser à nouveau dans la coupelle.
• Placez-la ensuite en hauteur, remerciez les directions pour leur protection, fermez votre cercle et laissez la magie de ce sel noir œuvrer.

Mars

ENTRE OMBRE ET LUMIÈRE

À présent que vous vous êtes délestée de tout ce qui ne vous convient plus et que vous êtes prête à accueillir l'avenir, il est temps de révéler au grand jour celle que vous êtes véritablement. Ce mois-ci, vous allez être amenée à rencontrer votre part d'ombre, à l'embrasser pleinement et à y puiser toute la magie nécessaire pour mettre en lumière votre âme de sorcière.

Voilà, l'invitation d'Ostara, l'équinoxe du printemps, un passage entre ombre et lumière, un temps d'équilibre, une porte ouverte vers vos possibles. Une plongée au cœur de soi pour oser montrer au grand jour la femme talentueuse que vous êtes avec vos forces et vos faiblesses. Un face-à-face qui ne trompe pas, c'est cela embrasser sa vulnérabilité.

Débarrassée du superflu, bien décidée à mener sereinement et en confiance vos projets, prenez enfin cette place qui n'attend que vous. Comme les premiers bourgeons qui apparaissent et se déploient en de magnifiques fleurs, il est temps de sortir de votre cocon et de vous épanouir avec bonheur.

Astro vibes

Poissons

Ma vérité retrouvée

La saison des Poissons invite à l'exploration de notre richesse intérieure. On dit ce signe émotif, rêveur et sensible et, si on pourrait l'imaginer fragile, ce serait passer complètement à côté de son potentiel : son intelligence émotionnelle.

CELLE QUE JE SUIS VRAIMENT

Signe d'eau, les Poissons nous incitent à prendre soin de nos pensées, de notre corps et de nos émotions pour nager avec fluidité dans un quotidien agité. Pour cela, il nous accompagne à la rencontre de nos ressources personnelles, de notre nature propre. Il nous aide à nous reconnecter à cette part de nous trop souvent oubliée, cachée même, et qui ne demande qu'à être révélée. Notre vérité !

L'énergie des Poissons questionne alors nos valeurs, nos croyances, notre identité. Qui sommes-nous ? Qu'est-ce qui nous anime véritablement ? À quoi avons-nous envie de contribuer ? Qu'est ce qui fait sens pour nous aujourd'hui ?

Utopistes dans l'âme, les Poissons nous demandent d'ouvrir notre esprit et notre cœur pour envisager ce qu'il y a de plus grand, de plus vaste que nous. Ils nous rappellent à notre humanité et nous reconnectent à notre spiritualité.

JE SUIS PRÊTE À M'ÉLANCER

Dernier signe de la roue zodiacale, les Poissons nous guident également pour célébrer la fin de l'hiver, l'arrivée du printemps, la fin d'un cycle et le commencement d'un nouveau. Pour accompagner ce temps de passage, ils font confiance à leur intuition, à leurs ressentis et se laissent porter par la vague du renouveau.

La saison des Poissons est donc un moment idéal pour commencer un nouveau projet et chercher en soi les capacités nécessaires pour le concrétiser et passer ainsi du rêve à la réalité.

♓

Abraca'DIY

Mon mini-potager enchanté

L'œuf est un symbole fort et puissant, utilisé tout particulièrement pour la célébration d'Ostara. Après le repli de l'hiver, il est temps pour vous de briser votre coquille protectrice et de vous révéler fièrement au grand jour. Pour profiter des énergies du printemps, réalisez votre mini-potager enchanté !

Matériel

- Une boîte de 6 œufs
- Un bol pour récupérer le contenu des œufs
- Un couteau pointu
- Du terreau
- Des graines de votre choix à planter pour votre pratique magique (le thym pour le courage, la ciboulette pour l'abondance et le romarin pour le bonheur)

Fabrication

Installez-vous à votre plan de travail et ouvrez votre cercle de pratiques magiques et créatives (p. 18). Tenez un œuf dans votre main au-dessus du bol. Ouvrez le haut de la coquille à l'aide de la pointe du couteau, un peu comme un œuf à la coque. Retournez l'œuf au-dessus du bol pour le vider et répétez l'opération avec les autres œufs. Faites ensuite un petit trou en bas de chaque œuf avec la pointe du couteau. Rincez délicatement l'intérieur des coquilles sous un filet d'eau pour retirer la fine pellicule blanche. Laissez-les sécher à l'air libre. Lorsque les œufs sont secs, déposez-les dans leur boîte et garnissez-les au 2/3 de terreau. Humidifiez la terre avec un peu d'eau puis déposez-y vos graines. Pensez à consulter les recommandations sur le sachet de graines.

Rituel d'activation

Une fois vos graines plantées, tenez la boîte entre vos mains et prononcez l'incantation :

« Aujourd'hui dans ces œufs, j'ai semé
Bien plus que des graines à planter.
Tandis que chaque jour, ces belles plantes vont pousser
Puissent les énergies du printemps m'aider à me révéler. »

Prenez soin de vos plantes, regardez-les pousser, parlez-leur, encouragez-les à se déployer. Lorsque vos plants seront solides, plantez-les directement en terre avec la coquille que vous aurez pris soin d'écraser pour laisser les racines se déployer dans le sol.

Semaine 10

DU 7 AU 13 MARS

Ma pensée de la semaine : je découvre celle que je suis vraiment

La connaissance de soi est une quête impliquante, confrontante mais ouverte aux possibles. Toute sorcière doit être prête à l'entreprendre, car il est indispensable de mieux appréhender celle que nous sommes véritablement pour activer nos ressources personnelles au service de notre magie et de nos projets de vie. Il s'agit de savoir identifier et valoriser avec justesse et clarté vos connaissances, vos compétences et vos traits de personnalité.

LUNDI 7

MARDI 8

MERCREDI 9

JEUDI 10 D

MAGIE DU QUOTIDIEN

Le Miracle Morning

Pour vous offrir des moments de qualité pour votre développement personnel, avancez un peu votre réveil. Qu'il s'agisse d'1 heure ou de 20 minutes, ce temps va vous permettre par exemple de lire des ouvrages spécifiques sur la connaissance de soi. Un seul chapitre par jour peut transformer votre quotidien pour toujours.

Notes

WITCHY TIPS

La pyrite, pierre de la connaissance

Cette pierre, qui ressemble à une compression de cubes-miroirs aux effets métalliques, est bien connue pour sa capacité à stimuler les capacités intellectuelles, aussi bien la mémoire que la concentration. Lors de vos lectures autour du développement personnel, placez-la à vos côtés pour mieux appréhender et intégrer les nouvelles notions que vous découvrez.

To do list

VENDREDI **11** SAMEDI **12** DIMANCHE **13**

L	M	M	J	V	S	D
28	1	2	3	4	5	6
7	8	9	10	11	12	13
14	15	16	17	18	19	20
21	22	23	24	25	26	27
28	29	30	31	1	2	3

DIVIN'ACTION

Je rencontre mon jeu

S'il est important de bien se connaître, il en est de même pour les outils que nous utilisons et qui œuvrent subtilement à nos côtés. Cette semaine, je vous propose donc de partir à la rencontre de votre jeu de tarot. Chaque jour, tirez une nouvelle lame et prenez le temps de l'étudier. Décrivez dans votre carnet les personnes et les objets qui la composent, les couleurs utilisées, la symbolique… Tout cela raconte une histoire.

TRACKERS

Méditation ○○○○○○○○○

Contemplation ○○○○○○○○○

Sommeil ○○○○○○○○○

Semaine 11

DU 14 AU 20 MARS

Ma pensée de la semaine : je tire les enseignements de mes échecs

Le mot fait trembler. Pourtant, se tromper, se planter, permet de se construire et d'évoluer. D'ailleurs, dans la plupart des pays anglo-saxons, l'échec est valorisé et fait partie intégrante du processus d'apprentissage. Listez vos 10 derniers échecs et notez en face ce qu'ils vous ont permis de découvrir sur vous et sur votre capacité à rebondir face aux difficultés.

LUNDI **14**

MARDI **15**

MERCREDI **16**

JEUDI **17**

MAGIE DU QUOTIDIEN

Ho'oponopono, un rituel de réconciliation avec soi-même

Cette méthode utilisée par les guérisseurs hawaïens est concentrée pour l'essentiel dans la formule «Désolé, pardon, merci, je t'aime!». Une incantation feel good pour prendre sa part de responsabilité dans tout ce qui n'a pas bien fonctionné. Prenez un instant et repensez à votre dernière action qui n'a pas eu les résultats escomptés. Au lieu de vous en vouloir ou d'en vouloir à la Terre entière, posez une main sur votre cœur et répétez dans votre tête cette formule magique. Vous sentez comme à l'intérieur tout est différent, calme et apaisé?

Notes

WITCHY TIPS

La fleur de lotus

Saviez-vous que la fleur de lotus prend ses racines dans la boue et s'élève à la surface grâce à la lumière? Invoquez sa magie en réalisant le Padma Mudra, le «yoga des mains» de la fleur de lotus, lorsque vous avez besoin d'activer vos capacités de résilience : sur une profonde inspiration, placez vos mains en calice, les doigts étirés vers l'extérieur hormis les pouces et les auriculaires qui sont joints, et formez un lotus au niveau de votre bassin. Sur une lente et longue expiration, remontez vos mains jusqu'au-dessus de votre tête. Répétez cela 3 fois et profitez de votre lumière retrouvée.

To do list

VENDREDI **18** ○ SAMEDI **19** DIMANCHE **20**

L	M	M	J	V	S	D
28	1	2	3	4	5	6
7	8	9	10	11	12	13
14	15	16	17	18	19	20
21	22	23	24	25	26	27
28	29	30	31	1	2	3

DIVIN'ACTION

Vous avez tiré : le Pendu

Il s'agit là de la lame qui invite à prendre du recul lorsque tout ne se passe pas comme vous l'aviez prévu. Faites un pas de côté pour observer les choses sous un nouvel angle. Que pouvez-vous apprendre de cette situation? Cette carte vous rappelle que le temps est votre allié et qu'il vaut mieux ne pas se précipiter. Questionnez ce qui se joue pour vous et réfléchissez à la meilleure façon d'ajuster votre positionnement avant de repasser à l'action.

TRACKERS

Méditation ○○○○○○○○

Contemplation ○○○○○○○○

Sommeil ○○○○○○○○

Semaine 12

DU 21 AU 27 MARS

Ma pensée de la semaine : j'embrasse ma vulnérabilité

Apprendre à se connaître, c'est se confronter à sa part d'ombre comme de lumière. C'est accepter que notre fragilité, loin d'être une faiblesse, est une force qui nourrit notre magie. Elle nous permet d'être vraiment nous-même, de nous connecter aux autres en toute authenticité et de nous réconcilier avec notre humanité. Elle est donc essentielle dans notre vie car elle nous montre telle que nous sommes : parfaitement imparfaite.

LUNDI **21**

MARDI **22**

MERCREDI **23**

JEUDI **24**

MAGIE DU QUOTIDIEN

L'art du Kintsugi

Connaissez-vous le Kintsugi, un art ancestral venu du Japon qui consiste à réparer les objets cassés en les recollant et en soulignant les jointures avec de la poudre d'or? La prochaine fois que vous casserez votre tasse préférée, ne la jetez pas, recollez les morceaux à la colle dorée! Vous l'aurez compris, bien plus qu'une méthode artisanale, c'est une philosophie de vie qui révèle de la beauté dans nos fragilités!

Notes

WITCHY TIPS

La biche, l'alliée de ma vulnérabilité

Symbole de l'amour, de la douceur et de la compassion, la biche incarne les énergies du féminin sacré. Gracile, elle peut sembler fragile mais elle sait très bien bondir et se mouvoir avec rapidité dès qu'elle se sent en danger. Elle nous montre ainsi que la vulnérabilité est source de sagesse autant que de puissance. Une puissance toute en légèreté. Alors relevez la tête et marchez fièrement sur votre chemin de beauté.

To do list

VENDREDI 25 ☾ SAMEDI 26 DIMANCHE 27

L	M	M	J	V	S	D
28	1	2	3	4	5	6
7	8	9	10	11	12	13
14	15	16	17	18	19	20
21	22	23	24	25	26	27
28	29	30	31	1	2	3

DIVIN'ACTION

Le tirage du printemps

Embrasser sa vulnérabilité, c'est avoir le courage d'être soi et se lancer officiellement dans la réalisation de votre «grand projet 2022». Aux portes du printemps, quelles graines allez-vous planter ? Battez avec énergie l'ensemble de vos cartes et tirez-en 3 que vous alignerez face à vous de gauche à droite. La première représente «les mauvaises herbes qu'il faut arracher», la deuxième «cette graine qu'il serait bon de planter» et la troisième, «ce que je dois faire pour prendre soin de mon projet».

TRACKERS

Méditation ○○○○○○○○

Contemplation ○○○○○○○○

Sommeil ○○○○○○○○

Semaine 13

DU 28 MARS AU 3 AVRIL

Ma pensée de la semaine : je prends ma place

Prendre soin de soi, apprendre à se connaître, découvrir ses capacités et toutes les facettes de sa personnalité est un véritable luxe dans notre société uniformisée. Maintenant, il est temps d'oser révéler au monde votre vérité, avec sens et en conscience. Osez prendre cette place qui n'attend que vous. Arrêtez de vous cacher ou de vous oublier. Souriez et, un pas après l'autre, avancez fièrement sur votre chemin de beauté !

LUNDI **28**

MARDI **29**

MERCREDI **30**

JEUDI **31**

MAGIE DU QUOTIDIEN

Je prends rendez-vous avec moi-même

Se rencontrer soi-même est un long cheminement personnel et un engagement qui ne dépend que de vous. Chaque semaine, prenez rendez-vous avec vous-même. Du temps dédié à des activités plaisantes qui vont vous permettre de passer du temps de qualité avec vous-même pour mieux découvrir et appréhender vos capacités comme vos traits de personnalité. Respectez ces créneaux, c'est votre moment !

Notes

WITCHY TIPS

Je choisis mon nom de sorcière

Saviez-vous que bien souvent les sorcières ont un nom secret qu'elles utilisent lors de leurs célébrations et travaux magiques ? C'est une façon de se connecter à leur magie personnelle avec force et authenticité. Il existe plusieurs façons pour choisir son nom de sorcière. Cela peut être en demandant à le recevoir en rêve ou bien encore en formant une anagramme avec l'ensemble des lettres de votre nom et de votre prénom. Choisir son nom de sorcière, c'est oser prendre votre place de sorcière !

To do list

VENDREDI 1er ●

SAMEDI 2

DIMANCHE 3

L	M	M	J	V	S	D
28	1	2	3	4	5	6
7	8	9	10	11	12	13
14	15	16	17	18	19	20
21	22	23	24	25	26	27
28	29	30	31	1	2	3

DIVIN'ACTION

Vous avez tiré : la Papesse

Cet arcane annonce une période dédiée à la découverte de soi, un travail solitaire mais nécessaire. Symbole du savoir, un savoir au féminin, une sagesse profonde et intuitive, la Papesse vous invite à vous connecter à ces parts de vous qui ne demandent qu'à être révélées pour que vous puissiez enfin prendre votre place en confiance. Tournez votre regard vers l'intérieur, vous êtes soutenue dans cette quête à la rencontre de votre vérité profonde.

TRACKERS

Méditation ○○○○○○○○○○

Contemplation ○○○○○○○○○○

Sommeil ○○○○○○○○○○

Ma roue des lunes de mars

Chaque jour, complétez votre roue des lunes pour mieux appréhender votre flow de magie au regard de votre cycle menstruel et du cycle lunaire. Soyez attentive à vos ressentis psychiques, physiques et émotionnels.

lunes

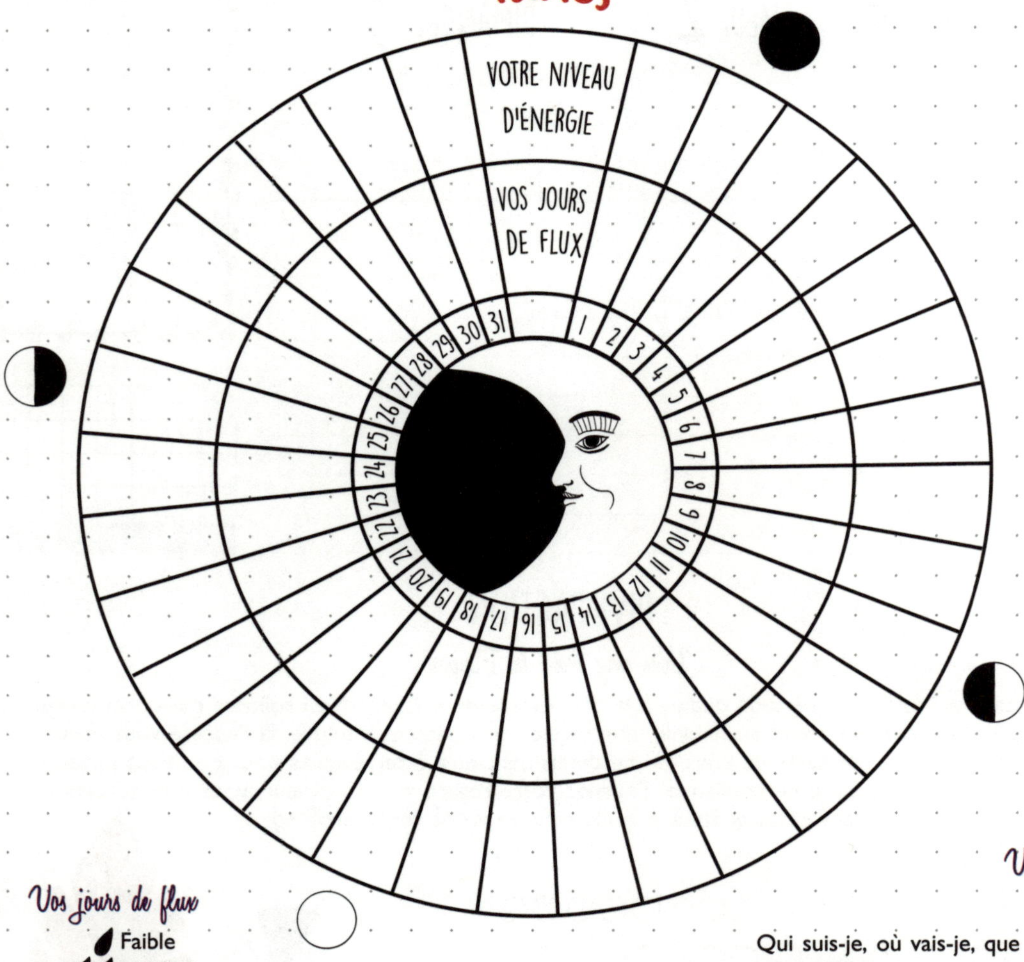

Vos jours de flux

- Faible
- Modéré
- Intense

Votre niveau d'énergie

- Qui suis-je, où vais-je, que fais-je ?
- Sereinement, j'avance en confiance
- Me voici, me voilà, Abracadabra !!!

Mon grimoire de mars

Pour enrichir votre grimoire et garder une trace de votre exploration à la rencontre de votre magie personnelle, je vous propose de réaliser 3 nouvelles activités ludiques, créatives et intuitives.

TOUTES SORCIÈRES

Réalisez votre tableau d'inspiration de sorcière avec des images de femmes inspirées et inspirantes qui portent en elles des qualités et/ou des compétences que vous avez à cœur de développer.

En pratique

- Je m'installe dans un endroit confortable où je ne serai pas dérangée.
- Je pose avec clarté mon intention : « Ces femmes-sorcières qui m'inspirent. »
- Je réunis des images et des illustrations qui m'inspirent : magazines, Pinterest, Instagram, etc.
- Je me laisse guider par mon intuition pour assembler tout cela sur une feuille cartonnée.
- J'ajoute des embellissements selon mes envies : stickers, paillettes, rubans, strass, etc.
- Une fois terminé, je pense à donner un titre à mon tableau et à noter la date.
- Je prends le temps d'observer et d'apprécier le travail réalisé.

J'ÉCRIS MON JOURNAL DE SORCIÈRE

Qu'est-ce que je faisais enfant avec plaisir et en toute simplicité ?

Quelles sont les 10 choses indispensables à savoir sur moi ?

Quels sont mes talents, ce que je sais faire avec une grande facilité ?

MON ÂME DE SORCIÈRE

Sortez vos feutres, vos crayons de couleurs ou vos pinceaux et laissez votre magie créative s'exprimer ! Connectez-vous à votre magie, cet espace du dedans, sacré, secret, vivant et vibrant et prenez conscience qu'en vous sommeille votre âme de sorcière. Percevez tout son pouvoir, sa puissance et sentez sa force circuler dans chacune des cellules de votre corps. Lorsque vous la sentez vous envelopper, sur une nouvelle page de votre grimoire ou sur une carte (que vous pourrez glisser entre ces pages), dessinez votre âme de sorcière. Ce peuvent être des formes abstraites ou une représentation plus concrète. C'est en tout cas un dessin pour vous et rien que pour vous.

Ma cérémonie 20-21 mars

ostara

Ce sabbat mineur se fête au moment de l'équinoxe du printemps. Le terme Ostara fait d'ailleurs référence à la déesse anglo-saxonne Eostre, célébrée au temps de l'équinoxe, jour où le soleil se lève exactement à l'est (East en anglais, Osten en allemand).

COMME LA NATURE, JE M'ÉVEILLE !

Aux portes de cette nouvelle saison, temps du (re)nouveau et de la (re)naissance, nous sommes invitées à célébrer la magie de la vie sous toutes ses formes. Dehors, les premiers bourgeons apparaissent. C'est une période pour semer les graines de nos projets, de nos idées, de nos amours et amitiés.

Puissant portail énergétique, l'équinoxe est un moment favorable pour les transformations, les transitions, les passages quels qu'ils soient. Peut-être est-il alors temps pour vous de lancer les actions nécessaires à la réalisation de vos objectifs personnels comme professionnels.

Pour cela, je vous propose de célébrer votre baptême de sorcière.

Seule ou accompagnée de vos sœurcières de cœur, allez en forêt pour fêter toutes ensemble votre magie retrouvée.

MON BAPTÊME DE SORCIÈRE

Sous un arbre protecteur, installez votre autel et ouvrez votre cercle magique. Adossez-vous au tronc, sentez son énergie vous envelopper et prenez un instant pour vous recentrer. Puis, sur une nouvelle page de votre grimoire, rédigez votre déclaration de sorcière. Il s'agit de mettre en mots ce à quoi vous vous engagez pour déployer votre magie dans tous les aspects de votre vie.

Chacune de vos phrases doit commencer par « Je… » et être affirmative. Vous pouvez commencer par « Je crois que… », « Je m'engage à… », « Je souhaite contribuer à… ».

Lorsque vous êtes prête, posez la main droite sur votre cœur et lisez à voix haute votre déclaration. Si vous êtes en groupe, regardez dans les yeux à tour de rôle chacune des sœurcières présentes lors de votre lecture. Si vous êtes seule, posez la main droite sur le tronc de l'arbre et adressez-vous à lui.

Enfin, déposez des offrandes au pied de l'arbre, comme de l'eau, du lait, un bouquet de fleurs sauvage et profitez d'un goûter gourmand seule ou à partager avec vos amies.

Puissent vos paroles être entendues et votre magie soutenue.

Avril

AU-DELÀ DU BOIS ENCHANTÉ

Avec l'arrivée du printemps, voilà le moment de passer à l'action. Maintenant que le grand ménage est fait, il ne vous reste plus qu'à vous lancer pour mettre sereinement en œuvre vos projets. Dehors, la nature est en effervescence, les couleurs sont plus vives et la lumière plus intense. Comme la nature qui pousse et extériorise son énergie de vie, tout vous invite au déploiement. Alors, profitez de ces énergies montantes pour vous lever plus tôt, vous étirer régulièrement, alléger vos assiettes et retrouver une pratique sportive régulière.

Reconnectée à votre vitalité, osez et faites preuve d'audace. Et si vous alliez voir ce qu'il y a de l'autre côté de la peur ? C'est cela, sortir du bois enchanté. C'est s'armer de courage et avancer. C'est à la fois préparer un plan d'action et l'ajuster en chemin en faisant confiance à votre intuition. C'est le moment de vous élancer avec enthousiasme et efficacité.

Astro vibes

Bélier

La fougue du printemps

La saison du Bélier marque le commencement du nouvel an astrologique. C'est le début d'un nouveau cycle plein de promesses, un regain d'énergie très attendu pour nourrir nos projets de vie. Les portes du printemps sont maintenant grandes ouvertes, alors prenez de l'élan et foncez droit devant !

TOUT FEU, TOUT FLAMME

Signe de feu, le Bélier nous invite à activer et à dépenser notre énergie au service de la réalisation de nos rêves. Indépendant, direct et audacieux, il nous guide au-delà des peurs et des croyances limitantes avec passion et détermination. C'est ainsi, le Bélier a besoin d'avancer de façon significative pour se sentir exister.

La saison du Bélier, c'est aussi le temps de l'enthousiasme. En tant que plus jeune signe de la roue zodiacale, il nous reconnecte à l'envie, à la joie et à l'innocence de l'enfance et des commencements. Avec lui, tout est possible pour peu que l'on se mette en mouvement.

FOI, FORCE ET COURAGE

Après le temps d'hibernation qui nous a permis de rêver nos projets, portée par les énergies actives du Bélier, cédez à l'envie irrésistible de passer à l'action. Connectée à votre vision, libérée de tout ce qui ne vous convient plus et bien consciente de votre force, vous voilà pleinement actrice de votre quotidien. Bien alignée avec vos valeurs et vos envies, le Bélier nous enseigne combien il est bon de répondre à l'appel de ses élans profonds.

Au cœur du printemps, alors que tout autour de nous la nature vibre à l'unisson, il est cependant nécessaire de canaliser cette énergie de vie pour ne pas s'éparpiller et s'épuiser. Alors, mettez le cap sur votre destination, ajustez votre boussole intérieure, armez-vous de courage et faites confiance à votre intuition. Bien accompagnée par l'énergie du Bélier, tout devient possible !

Abraca'DIY

Ma baguette de pouvoir

Pour canaliser les énergies enivrantes du printemps, rien de mieux que de fabriquer votre baguette magique. Symbole puissant de la sorcière, elle permet de diriger les énergies en conscience. Idéale pour lancer des sorts et enchanter vos potions.

Matériel

- Une pointe de quartz
- Une branche de bois fine d'environ 30 cm ramassée en pleine nature
- Un papier à poncer avec un grain fin (magasins de bricolage)
- Un fil de cuivre deux fois plus long que la taille de votre branche
- Des rubans, de la laine, de fines bandes de lin, des perles, des plumes…

Fabrication

Partez en forêt en quête de votre branche sacrée et, une fois trouvée, remerciez la nature pour ce don. Laissez sécher votre branche quelques jours à l'intérieur de votre habitation près de votre autel. Installez-vous à votre plan de travail et ouvrez votre cercle de pratiques magiques et créatives. Passez le papier à poncer dans le sens du bois pour rendre sa surface plus lisse. Essuyez-la avec un torchon légèrement humide pour retirer la poussière. Prenez votre pointe de quartz et positionnez-la au bout de votre baguette. Servez-vous du fil de cuivre pour l'enrouler autour du quartz et le fixer à la branche. Sans le couper, enroulez le fil restant autour de la baguette jusqu'en bas : c'est lui qui conduira l'énergie de votre main jusqu'au cristal et vice versa. Au niveau du point de contact entre le cristal et la branche, utilisez du ruban ou du lin pour embellir l'accroche, vous pouvez ajouter des perles et/ou fixer des plumes si vous le souhaitez. Faites de même au bas de votre baguette, là où vous poserez votre main, pour ne pas vous blesser avec le fil de cuivre.

Rituel d'activation

Installez-vous à présent face à votre autel et prenez un instant pour vous recentrer. Les paumes ouvertes, déposez votre baguette dans le creux de vos mains. Répétez 3 fois à voix haute :

« Chère baguette, te voilà l'alliée de tous mes travaux magiques
Qu'à travers toi, ma volonté puisse circuler de mes mains à ce quartz ensorcelé
Et qu'ensemble nous puissions œuvrer à tous ces projets que j'ai à cœur de réaliser. »

Déposez votre baguette sur l'autel et laissez-la se charger de magie jusqu'à la prochaine pleine lune.
Fermez votre cercle et laissez la magie se diffuser.

Semaine 14

DU 4 AU 10 AVRIL

Ma pensée de la semaine : je dis bye bye à la procrastination !

La peur, voilà ce qui peut court-circuiter votre magie et vous empêcher de passer à l'action. Lorsque l'on ne se sent pas assez forte pour avancer, c'est là que la procrastination fait son apparition et nous colle au fond de notre canapé à regarder les autres briller. Alors cette semaine, profitez de l'énergie de feu du Bélier pour brûler vos dernières peurs et vous élancer !

LUNDI 4

MARDI 5

MERCREDI 6

JEUDI 7

MAGIE DU QUOTIDIEN

La méthode Kaizen pour avancer à petits pas

La méthode japonaise du Kaizen repose sur le principe de petites actions constantes pour un changement progressif et durable. Pour cela, revenez à votre intention du début d'année et déclinez-la en objectifs à court (< 3 mois), moyen (3 à 9 mois) et long terme (+ 9 mois). Ensuite, prenez chaque objectif, découpez-le en étapes intermédiaires et assurez-vous que chacune d'elles ne comporte qu'un seul verbe d'action. Enfin, ajoutez une date de réalisation à chacun de ces petits pas.

Notes

WITCHY TIPS

La magie du feu

En sorcellerie, les propriétés des éléments sont utilisées pour accompagner et soutenir nos intentions. Confiez alors au feu vos peurs, vos doutes et vos dernières résistances. Sur un bout de papier, notez ce qui vous empêche d'avancer puis brûlez-le à la flamme d'une bougie rouge et déposez-le dans votre chaudron. Regardez les mots noircir et devenir cendre. Sentez votre peur disparaître et la magie du feu vous libérer.

To do list

VENDREDI **8**

SAMEDI **9** D

DIMANCHE **10**

L	M	M	J	V	S	D
28	29	30	31	1	2	3
4	5	6	7	8	9	10
11	12	13	14	15	16	17
18	19	20	21	22	23	24
25	26	27	28	29	30	1

DIVIN'ACTION

Tirage conscient et inconscient

Si certaines peurs sont facilement identifiables, d'autres sont plus difficilement accessibles, et il est alors nécessaire de questionner notre inconscient. Demandez donc de l'aide à votre tarot. Concentrez-vous sur la situation, mélangez vos cartes, regroupez-les et coupez le paquet. Retournez la carte du dessus : elle dit ce qui se passe pour vous ici et maintenant. Retournez la dernière lame du paquet : c'est là que vos peurs inconscientes sont à débusquer.

TRACKERS

Intuition ○○○○○○○○○○

Magie ○○○○○○○○○○

Bien-être ○○○○○○○○○○

Semaine 15

DU 11 AU 17 AVRIL

Ma pensée de la semaine : c'est décidé, je passe à l'action !

Oui, il est temps d'aller voir ce qu'il y a de l'autre côté de la peur et des incertitudes, de sortir du bois enchanté et de vous confronter à ce qui se passe hors de votre zone de confort. Oser passer à l'action demande du courage et de la volonté, des qualités qui sont déjà en vous et qui ne demandent qu'à être activées. Sorcière-guerrière, rassemblez toute votre magie et faites le premier pas pour soutenir vos projets de vie !

LUNDI **11**

MARDI **12**

MERCREDI **13**

JEUDI **14**

MAGIE DU QUOTIDIEN

Rouge guerrière

L'archéologie fait remonter le rouge à lèvres à plus de 5 000 ans en Mésopotamie. Bien plus qu'un artifice, il a soutenu les femmes dans leur émancipation au fil des ans : sa symbolique nous invite à oser, à nous montrer et à révéler notre pouvoir. Choisissez le rouge qui vous met en joie, déposez-le sur vos lèvres, regardez-vous avec plaisir dans le miroir, sentez sa magie vous donner la force de tout affronter.

Notes

WITCHY TIPS

Potion de vitalité

Pour vous soutenir dans votre passage à l'action, rien de mieux qu'une potion. À l'occasion d'une balade au marché, profitez des derniers kiwis et des premières fraises de l'année. Ajoutez une banane, un peu de gingembre frais râpé et le tour est joué : un smoothie vitaminé pour réveiller votre vitalité et mener à bien vos projets.

To do list

VENDREDI **15**

SAMEDI **16** ○

DIMANCHE **17**

Pâques

L	M	M	J	V	S	D
28	29	30	31	1	2	3
4	5	6	7	8	9	10
11	12	13	14	15	16	17
18	19	20	21	22	23	24
25	26	27	28	29	30	1

DIVIN'ACTION

Vous avez tiré : l'Impératrice

Assise sur son trône, l'Impératrice vous enveloppe de son énergie positive par sa simple présence. Avec son autorité naturelle, elle symbolise le pouvoir au féminin et accompagne chacune de vos réalisations. Elle vous rappelle que votre sensibilité est une force et que vous ne devez pas avoir peur de rayonner, de briller. Par sa sagesse, son indépendance et son autonomie, elle représente fièrement les valeurs du leadership au féminin.

TRACKERS

Intuition ○○○○○○○○

Magie ○○○○○○○○

Bien-être ○○○○○○○○

Semaine 16

DU 18 AU 24 AVRIL

Ma pensée de la semaine : je fais confiance à mon intuition

Maintenant que vous prenez part à l'action, faites confiance à votre intuition pour avancer dans la bonne direction. Telle une boussole, vos émotions et vos sensations sont des alliées auxquelles vous fier pour prendre une décision. Alors, fermez les yeux un instant et laissez-vous guider.

LUNDI **18**

Lundi de Pâques

MARDI **19**

MERCREDI **20**

JEUDI **21**

MAGIE DU QUOTIDIEN

Donne-moi un OUI !

Lorsqu'il s'agit de prendre une décision importante pour mener à bien votre plan d'action, arrêtez-vous un instant et questionnez votre corps et votre cœur. Est-ce que ça me fait « oui » ? Est-ce que ça me fait « non » ? Une formule magique puissante qui vous rappelle à votre essentiel. Qu'est-ce qui se passe en vous lorsque vous évoquez les options possibles ? Allez là où ça vibre joyeusement pour vous. Oui, connectez-vous à votre joie et avancez en confiance !

Notes

★ WITCHY TIPS ★

La sagesse du héron

Symbole de force, de pureté, de sagesse et d'élégance, le héron est considéré comme un expert de la pêche. Doté d'une très grande patience, cet échassier peut passer des heures, immobile dans les marais, avant de choisir le juste moment pour planter son bec dans l'eau et déguster un poisson. Rapide et précis, il vous invite à reconnaître et à saisir les opportunités qui se présentent à vous en prenant soin de ne pas confondre action et précipitation.

To do list

VENDREDI **22**

SAMEDI **23** ☾

DIMANCHE **24**

L	M	M	J	V	S	D
28	29	30	31	1	2	3
4	5	6	7	8	9	10
11	12	13	14	15	16	17
18	19	20	21	22	23	24
25	26	27	28	29	30	1

DIVIN'ACTION

Pile ou face

Pour vous aider dans vos prises de décisions, rien de mieux qu'un traditionnel «pile ou face». Un côté oui et un côté non. Posez à voix haute votre dilemme, lancez en l'air votre pièce (ou un galet, un coquillage ou un morceau de bois sur lequel vous aurez peint des symboles) et laissez-la tomber au sol. Regardez la réponse. Si elle vous semble juste, c'est parfait. Si le choix obtenu ne vous plaît pas… eh bien vous avez définitivement votre réponse !

TRACKERS

Intuition ○○○○○○○○○○

Magie ○○○○○○○○○○

Bien-être ○○○○○○○○○○

Semaine 17

DU 25 AVRIL AU 1ER MAI

Ma pensée de la semaine : j'accueille sereinement le changement

En passant à l'action chaque jour, vous expérimentez de nouvelles façons de faire. Vous prenez alors conscience que les choses changent et que cela peut être déroutant. C'est ainsi, tout est mouvement. La nature, les saisons, la météo, vos émotions, vous. Faites alors un pas de côté pour observer tout cela et mieux appréhender votre part de responsabilité. Vous êtes pleinement actrice de ce changement, souvenez-vous-en !

LUNDI 25

MARDI 26

MERCREDI 27

JEUDI 28

MAGIE DU QUOTIDIEN

Ma roue du changement, mon coach intérieur

Comme la nature et ses saisons, votre énergie varie au gré de votre cycle, et il est bon de se laisser porter par son flow et non plus de l'affronter. Adaptez votre agenda : des activités créatives en période pré-ovulatoire, des rencontres et des échanges en période d'ovulation, un point d'étape en période post-ovulatoire et un repos mérité au moment de vos lunes. Mieux appréhender votre cycle va vous permettre d'adapter la réalisation de votre plan d'action dans le respect de votre écologie intérieure.

Notes

WITCHY TIPS

L'aventurine pour un self control à tout instant

Issue de l'italien *avventura* qui veut dire «aventure», cette pierre verte aux couleurs du printemps est connue pour son énergie douce. Idéal pour se recentrer et se reconnecter à sa tranquillité intérieure lorsque tout nous bouscule. Au quotidien, utilisez une pierre roulée et glissez-la dans votre soutien-gorge pour soutenir votre chakra du cœur et avancer en toute sérénité.

To do list

VENDREDI 29

SAMEDI 30 ●

DIMANCHE 1er

Fête du travail

L	M	M	J	V	S	D
28	29	30	31	1	2	3
4	5	6	7	8	9	10
11	12	13	14	15	16	17
18	19	20	21	22	23	24
25	26	27	28	29	30	1

DIVIN'ACTION

Vous avez tiré : l'Arcane sans nom

Le temps du changement est sans fin, un cycle se ferme, un autre commence. Comme les fleurs du printemps qui se révèlent après le long sommeil de l'hiver, vous êtes appelée à vous réveiller, à vous éveiller. C'est votre moment, celui de la transition, de la transformation, de la rupture nécessaire avec l'ancien pour aller de l'avant. Ne résistez pas à l'appel du changement, accompagnez-le avec sens et en conscience. Vous êtes le changement.

TRACKERS

Intuition ○○○○○○○○○○

Magie ○○○○○○○○○○

Bien-être ○○○○○○○○○○

Ma roue des lunes d'avril

Chaque jour, complétez votre roue des lunes pour mieux appréhender votre flow de magie au regard de votre cycle menstruel et du cycle lunaire. Soyez attentive à vos ressentis psychiques, physiques et émotionnels.

lunes

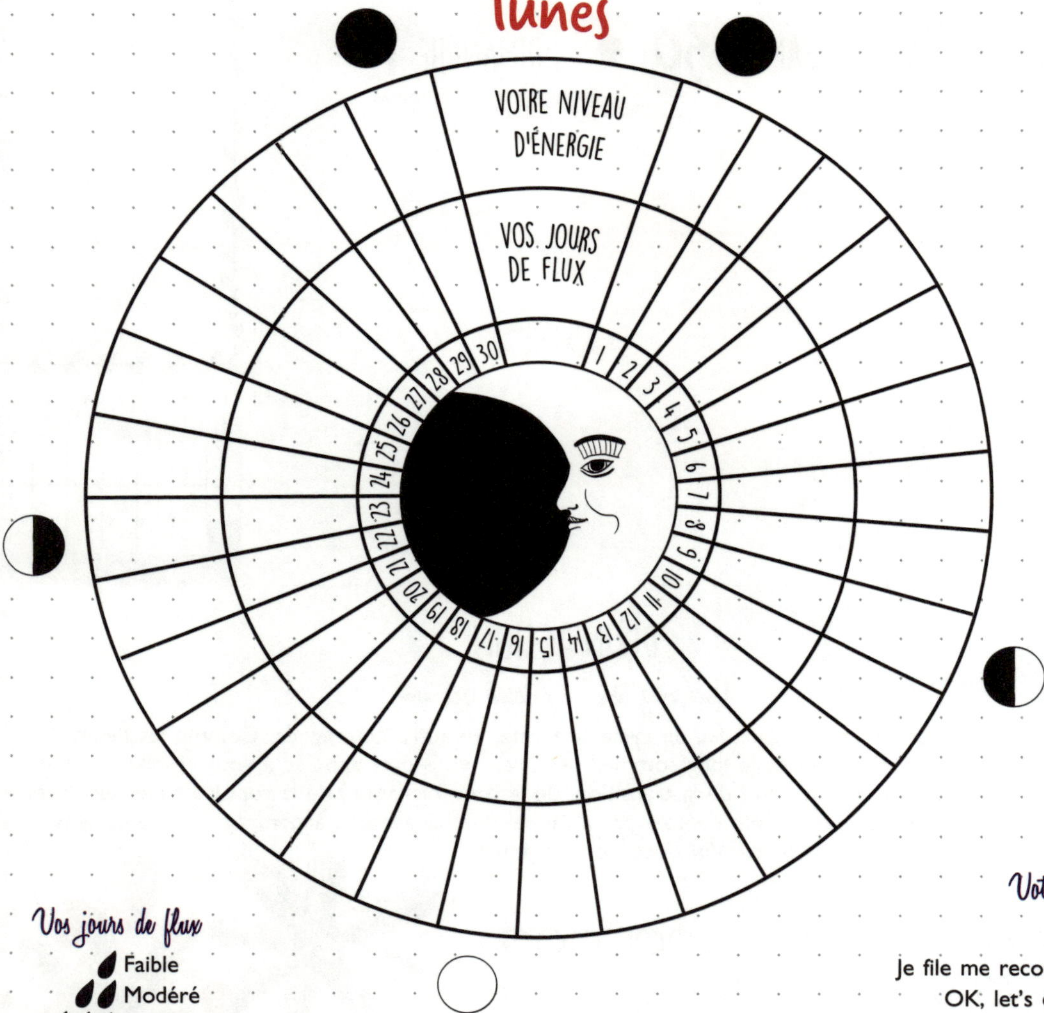

Vos jours de flux

- Faible
- Modéré
- Intense

Votre niveau d'énergie

- Je file me recoucher
- OK, let's do it!
- Tout feu, tout flamme

Mon grimoire d'avril

Pour enrichir votre grimoire et garder une trace de votre exploration à la rencontre de votre magie personnelle, je vous propose de réaliser 3 activités ludiques, créatives et intuitives.

J'ÉCRIS MON JOURNAL DE SORCIÈRE

De quoi ai-je besoin pour avancer en confiance au quotidien?

....

Quelle est la liste des 100 choses qui m'animent, me mettent en joie, me donnent envie de passer à l'action pour hacker mon système interne de procrastination?

....

Quelle est l'action la plus facile à mettre en place pour soutenir mon projet de l'année et que je m'engage à réaliser d'ici le mois prochain?

....

JE DESSINE MON FEU INTÉRIEUR

Prenez un instant pour méditer en imaginant un petit brasier au niveau de votre chakra racine (au niveau du périnée). Alimentez-le en pensant aux choses qui vous font plaisir et vous sentir en vie. Percevez votre feu grandir en vous et imprégner chacune des parties de votre corps de sa chaleur puissante et enivrante. Lorsque vous sentirez un sourire se dessiner sur votre visage, dans une profonde inspiration, ouvrez vos yeux. Attrapez votre grimoire et représentez sur le papier en couleurs votre feu intérieur. Ayez plaisir à regarder ce dessin dès que vous sentez que votre énergie de vie a besoin d'être ravivée pour passer à l'action.

DES AFFIRMATIONS POUR PASSER À L'ACTION

Créez un tableau d'affirmations inspirées et inspirantes pour vous soutenir au quotidien!

En pratique

- Je m'installe dans un endroit confortable où je ne serai pas dérangée.
- Je pose avec clarté mon intention : «Je suis prête à passer à l'action.»
- Je réunis des images d'affirmations positives dans des magazines, sur Instagram, Pinterest ou je peux écrire et illustrer moi-même des phrases motivantes sur des cartes.
- Je me laisse guider par mon intuition pour assembler tout cela.
- J'ajoute des embellissements selon mes envies : stickers, paillettes, rubans, strass, etc.
- Une fois terminé, je pense à donner un titre à mon tableau et à noter la date.
- Je prends le temps d'observer et d'apprécier le travail réalisé, je sais que je pourrai venir m'y ressourcer dès que j'aurai besoin d'une bonne dose de motivation.

Ma cérémonie 30 avril-1er mai

Beltane

C'est lors de la nuit du 30 avril au 1er mai que l'on célèbre Beltane (ou Beltaine en français), sabbat majeur de la roue de l'année des sorcières. À cette occasion, le voile entre les mondes se lève pour accueillir, non pas les esprits comme à Halloween, mais les elfes, les fées, les lutins, les gnomes qui sortent de leur cachette pour répandre dans la nature les énergies enivrantes du printemps.

J'ENTRE AVEC JOIE DANS LA RONDE DU PRINTEMPS

Après les pluies fertiles du mois d'avril, cette fête au cœur du printemps est le symbole du renouveau bien installé. À cette occasion, de grands feux de joie sont allumés, on plante l'arbre de mai et on danse gaiement autour de ce grand mat fleuri.

Pour les Celtes, Beltane symbolise le retour de Bel, dieu de la lumière et du feu venu réchauffer la Terre-Mère, tandis qu'en Europe du Nord, cette soirée est davantage connue sous le nom de la Nuit de Walpurgis. On raconte qu'à cette période de l'année, les sorcières étaient conviées à un grand banquet pour festoyer toute la nuit et célébrer les énergies croissantes du printemps. Plus tard, ce grand sabbat annuel est devenu clandestin et a laissé place à la célébration de sainte Walburge, une abbesse anglaise ayant vécu en Allemagne.

MON RITUEL

À l'aube de la période claire, cette nuit des sorcières symbolise avant tout la fin de l'hiver, selon le calendrier ésotérique, qui fait enfin place à la période estivale. Un temps de transformation, d'évolution, de réconciliation entre féminin et masculin.

Une fois la nuit tombée, dans un jardin ou en forêt, à l'abri des regards indiscrets, habillez-vous de blanc et retrouvez quelques ami·e·s sorcières et sorciers pour célébrer dans la joie votre passage à l'action et les changements dans votre vie.

Une fois votre cercle magique ouvert, lancez votre playlist de sorcière préférée. Les pieds nus dans la terre, sentez l'énergie de cette nuit si particulière monter en vous et dansez tous ensemble. Chacun à votre tour, rejoignez le centre du cercle, fermez les yeux, laissez-vous porter par la musique, prenez plaisir à bouger, à chanter et dansez les changements de votre vie. (Si vous le pouvez, et en toute sécurité, allumez un feu dans un brasero pour vous accompagner. Veillez ensuite ce feu sacré tour à tour jusqu'au petit jour.) Lorsque tout le monde est passé, faites encore une ronde le temps d'une chanson et emplissez-vous de toutes ces belles énergies de vie. Puis remerciez-vous pour ce moment partagé, refermez votre cercle et festoyez en dansant et en partageant de bons petits plats jusqu'à ce que le soleil se lève.

Mai

LIVE, LOVE & CREATE

Ce mois-ci, je vous invite à célébrer la vie dans toute sa magie. Au cœur du printemps, la nature fleurit, le temps des amours est venu, le soleil poursuit sa course dans le ciel, les journées se font plus chaudes et plus lumineuses. Profitez de cette effervescence et autorisez-vous à prendre plaisir au voyage.

Imprégnez-vous de cette énergie de vie qui se répand tout autour pour nourrir votre créativité et vous aider à trouver la meilleure façon de réaliser vos projets. Suivez alors le flow de la vie, son mouvement naturel et les ondulations initiées par les nouvelles actions que vous entreprenez jour après jour. Souveraine en votre demeure, vous avez osé, et il est maintenant temps de continuer sur votre lancée en prenant plaisir à créer tout ce qu'il est bon pour vous de créer.

Astro vibes

Taureau

Du cœur à l'ouvrage

Si le Bélier nous a permis de nous élancer avec fougue et passion pour faire les premiers pas nécessaires à la réalisation de nos projets, la saison du Taureau nous invite à ralentir la cadence pour mieux apprécier le voyage. Force tranquille, il nous rappelle que, s'il est bon de passer à l'action, il ne faut pas perdre de vue le plaisir même de la création.

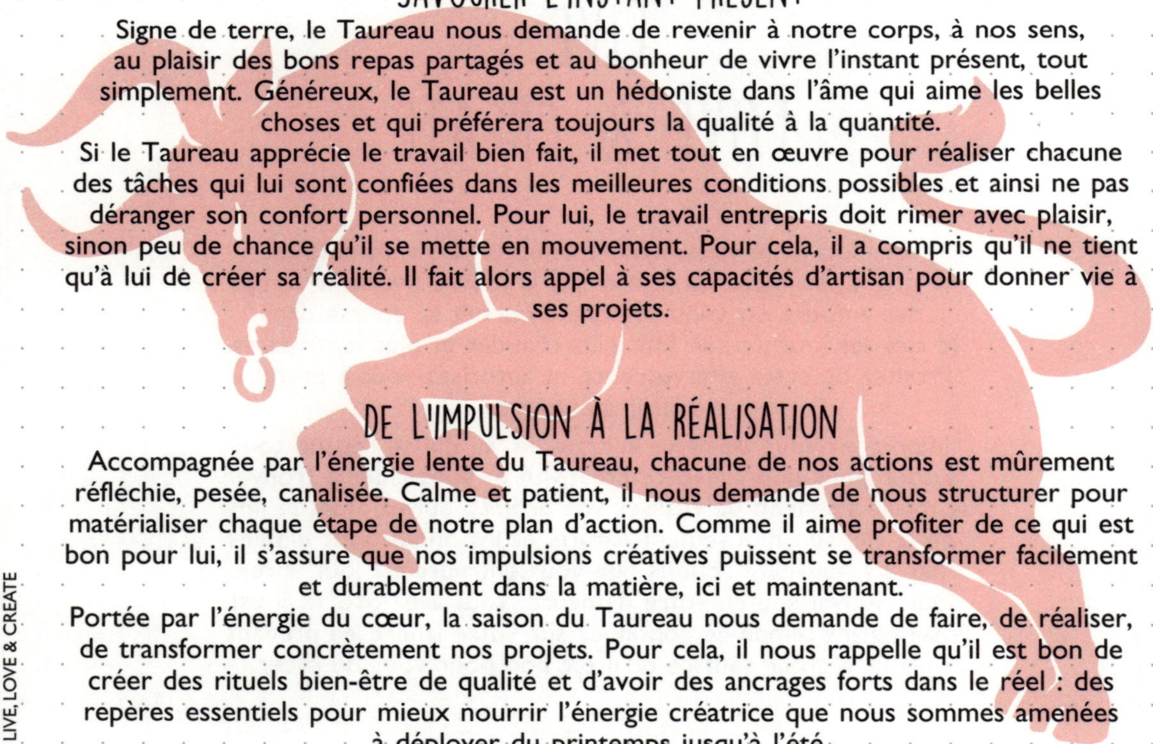

SAVOURER L'INSTANT PRÉSENT

Signe de terre, le Taureau nous demande de revenir à notre corps, à nos sens, au plaisir des bons repas partagés et au bonheur de vivre l'instant présent, tout simplement. Généreux, le Taureau est un hédoniste dans l'âme qui aime les belles choses et qui préférera toujours la qualité à la quantité.

Si le Taureau apprécie le travail bien fait, il met tout en œuvre pour réaliser chacune des tâches qui lui sont confiées dans les meilleures conditions possibles et ainsi ne pas déranger son confort personnel. Pour lui, le travail entrepris doit rimer avec plaisir, sinon peu de chance qu'il se mette en mouvement. Pour cela, il a compris qu'il ne tient qu'à lui de créer sa réalité. Il fait alors appel à ses capacités d'artisan pour donner vie à ses projets.

DE L'IMPULSION À LA RÉALISATION

Accompagnée par l'énergie lente du Taureau, chacune de nos actions est mûrement réfléchie, pesée, canalisée. Calme et patient, il nous demande de nous structurer pour matérialiser chaque étape de notre plan d'action. Comme il aime profiter de ce qui est bon pour lui, il s'assure que nos impulsions créatives puissent se transformer facilement et durablement dans la matière, ici et maintenant.

Portée par l'énergie du cœur, la saison du Taureau nous demande de faire, de réaliser, de transformer concrètement nos projets. Pour cela, il nous rappelle qu'il est bon de créer des rituels bien-être de qualité et d'avoir des ancrages forts dans le réel : des repères essentiels pour mieux nourrir l'énergie créatrice que nous sommes amenées à déployer du printemps jusqu'à l'été.

Abraca'DIY

Ma couronne de fleurs

Pour accompagner votre célébration de Beltane, je vous propose de créer votre couronne de fleurs aux couleurs du printemps. Bien plus qu'un accessoire, cet objet de pouvoir symbolise aussi votre couronnement en tant que souveraine de votre royaume personnel. C'est cela aussi, se choisir, se célébrer et honorer fièrement sa part de divinité.

Matériel

- Une tige de fer de 50 cm
- Un ruban large de 60 cm de longueur
- De l'adhésif floral à trouver dans les magasins de bricolage ou les jardineries
- Un ciseau
- Une pince plate
- Des fleurs et du feuillage, en cette saison, je vous recommande des gerberas, des hortensias, des pivoines, du gypsophile, de l'eucalyptus ou des fleurs des champs

Fabrication

Prenez plaisir à cueillir des fleurs des champs ou choisissez vos fleurs préférées chez le fleuriste. Réunissez tout le matériel créatif nécessaire et prévoyez une bassine d'eau pour vos fleurs. Ouvrez votre cercle. Prenez le fil de fer et formez une boucle aux deux extrémités, à 3 cm du bord, avec la pince. Coupez votre ruban en deux, brûlez les bouts pour éviter qu'ils ne s'effilochent et nouez chaque ruban à une boucle (pour fermer la couronne et l'ajuster à votre tour de tête). Fixez ensuite le petit bout qui dépasse avec l'adhésif floral sur le fil de fer. Préparez votre assortiment de fleurs en laissant 3 cm de tige et fixez-les avec l'adhésif sur le fil. Répétez l'opération tout au long de la tige, en alternant fleurs et feuillages.

Rituel d'activation

Face à votre autel, nouez votre couronne de fleurs sur votre tête avec les rubans.

Sentez monter en vous les énergies positives, agréables, de ce couronnement et dites :

« Aujourd'hui, je me choisis
Ici et maintenant, je fais de moi le premier rôle de ma vie ;
Chaque jour à présent je vais savourer
La magie de ma force intérieure retrouvée. »

Savourez ce moment suspendu dans le temps puis fermez votre cercle. Et dès que vous en avez besoin, imaginez-vous portant à nouveau cette couronne pour vous redonner confiance.

Quand les fleurs se faneront, laissez-la sécher, c'est un joli souvenir à conserver.

Semaine 18

DU 2 AU 8 MAI

Ma pensée de la semaine : je m'ancre ici et maintenant

Après la course effrénée du mois dernier pour vous élancer, il est temps de ralentir et de profiter de l'instant présent. Vivre, aimer, savourer et créer en étant bien ancrée, ici et maintenant. Pour utiliser votre énergie de vie à bon escient, il vous faut être pleinement connectée à ce que vous faites et à ce qui se joue pour vous maintenant.

LUNDI 2

MARDI 3

MERCREDI 4

JEUDI 5

MAGIE DU QUOTIDIEN

Un bain de forêt pour m'ancrer

Le bain de forêt, *Shinrin Yoku* en japonais ou sylvothérapie, consiste à passer du temps dans les bois (au moins 20 minutes), pour se connecter aux éléments naturels : les arbres, mais aussi les rochers, la végétation, les plans d'eau, les animaux… Prenez le temps d'une balade au rythme de votre respiration et sentez tout votre corps se déployer à chacun de vos pas. Il s'agit d'un bain, alors immergez-vous, prenez plaisir à goûter la forêt de tous vos sens.

Notes

WITCHY TIPS

L'oeil-de-taureau, ma pierre d'ancrage

Associée à la force tranquille du taureau, cette pierre vous permet de revenir à votre corps et à sa densité. Avec sa couleur, mélange harmonieux de rouge et de marron, elle va résonner avec votre chakra racine en lien avec votre maintien, votre posture et votre stabilité. Lors de votre marche en forêt, arrêtez-vous au pied d'un arbre ou d'un rocher et méditez quelques instants avec cette pierre à vos pieds. Ressentez son énergie capable de vous faire avancer en vous maintenant stable.

To do list

VENDREDI 6

SAMEDI 7

DIMANCHE 8

Victoire 1945

L	M	M	J	V	S	D
25	26	27	28	29	30	1
2	3	4	5	6	7	8
9	10	11	12	13	14	15
16	17	18	19	20	21	22
23	24	25	26	27	28	29
30	31	1	2	3	4	5

DIVIN'ACTION

Vous avez tiré : l'Empereur

Cet arcane du tarot symbolise le pouvoir et la stabilité, exactement ce dont vous avez besoin pour vous accompagner dans la réalisation de vos projets en ce mois de mai. L'Empereur vous rappelle que si le temps est à la concrétisation, chacune de vos actions demande précision et réflexion. Véritable stratège, il prend le temps d'élaborer calmement un plan d'action avant de prendre une décision importante. Avec lui, rigueur et constance sont au rendez-vous.

TRACKERS

Intuition ○○○○○○○○○

Magie ○○○○○○○○○

Bien-être ○○○○○○○○○

Semaine 19

DU 9 AU 15 MAI

Ma pensée de la semaine : j'explore ma sensorialité

Notre sensorialité est un cadeau que nous activons si peu… Nos cinq sens (voir, entendre, sentir, toucher et goûter) sont pourtant des privilèges qu'il nous faut nous réapproprier au quotidien pour mieux vivre l'instant présent et appréhender dans leur globalité les différentes actions que nous avons besoin de mener. C'est cela aussi la magie du moment présent : voir tout l'ensemble différemment.

LUNDI 9 D

MARDI 10

MERCREDI 11

JEUDI 12

MAGIE DU QUOTIDIEN

Dégustation dans le noir

Privés de la vue, qui représente 80% de notre perception sensorielle, nos autres sens sont décuplés. Pour vous reconnecter à chacun d'entre eux, amusez-vous à dîner dans le noir. Pour cela, réunissez vos amis et demandez à chacun d'apporter son plat préféré. Savourez votre repas, sans couverts, en essayant de deviner grâce à vos sens ce que vous mangez.

Notes

WITCHY TIPS

Le 6e sens des sorcières

Si les sorcières développent régulièrement leur sensorialité, c'est qu'elles savent qu'au-delà de leurs cinq sens, un sixième peut s'éveiller : l'intuition. En percevant les situations avec tous leurs sens, les sorcières ont accès à une perception plus fine et plus vaste du monde. Intégrez dans votre apprentissage des temps de relaxation et de méditation pour développer cette capacité sensorielle. Puis prenez plaisir à imaginer qui sonne à la porte, quelle carte vous allez tirer, qui sera la prochaine personne à vous téléphoner.

To do list

VENDREDI 13

SAMEDI 14

DIMANCHE 15

L	M	M	J	V	S	D
25	26	27	28	29	30	1
2	3	4	5	6	7	8
9	10	11	12	13	14	15
16	17	18	19	20	21	22
23	24	25	26	27	28	29
30	31	1	2	3	4	5

DIVIN'ACTION

Je m'initie à la lecture intuitive

Pour développer votre intuition, rien de mieux qu'un entraînement régulier avec votre jeu préféré. Le tarot fait appel aux symboles et à la magie de l'inconscient collectif. Lors de votre prochain tirage, ne vous ruez pas sur le livret d'interprétation, prenez plutôt le temps d'observer chaque lame, chaque détail, percevez ce qui est raconté et autorisez-vous à interpréter en fonction de ce que vous ressentez. Faites confiance à votre sensibilité.

TRACKERS

Intuition ○○○○○○○○○

Magie ○○○○○○○○○

Bien-être ○○○○○○○○○

Semaine 20

DU 16 AU 22 MAI

Ma pensée de la semaine : je (re)découvre le plaisir de créer

Si notre mental nous aide chaque jour à avancer et à nous surpasser, qu'en est-il de notre corps ? Depuis quand n'avez-vous pas créé quelque chose de vos mains ? Ici, il n'est pas question d'être une artiste mais bien de vous reconnecter à la sorcière-artisane qui sommeille en vous, à votre plaisir et à votre capacité de créer.

LUNDI **16** ○

MARDI **17**

MERCREDI **18**

JEUDI **19**

MAGIE DU QUOTIDIEN

J'essaie une nouvelle activité créative

Il est temps de faire de la place à des moments « ré-créatifs » dans vos rituels bien-être. Rendez-vous dans votre magasin de loisirs créatifs préféré et prenez plaisir à découvrir de nouvelles façons de créer. Offrez-vous une palette d'aquarelle, de la gouache, des pinceaux, du tissus, des fils à broder, un album de scrapbooking à personnaliser, autorisez-vous à vous amuser et à créer. Après tout, qu'avez-vous à perdre à essayer ?

Notes

WITCHY TIPS

La cornaline pour réveiller ma créativité

Il y a de la magie dans l'acte même de créer. Cela passe par l'intention que vous mettez dans chacun de vos gestes, l'attention que vous portez aux petits détails et à l'énergie qui circule au travers de vos mains. La cornaline va vous aider à imaginer, à développer vos idées et à les matérialiser. Déposez-la sur votre plan de travail ou portez-la en bracelet tandis que vous vous affairez dans votre atelier.

To do list

VENDREDI **20**

SAMEDI **21**

DIMANCHE **22**

L	M	M	J	V	S	D
25	26	27	28	29	30	1
2	3	4	5	6	7	8
9	10	11	12	13	14	15
16	17	18	19	20	21	22
23	24	25	26	27	28	29
30	31	1	2	3	4	5

DIVIN'ACTION

Créez votre tirage

Parce que votre créativité ne devrait pas avoir de limite, je vous invite à créer votre propre tirage. Pour cela, 1. formulez la question à laquelle vous souhaitez que le tarot réponde ; 2. identifiez les éléments de réponse dont vous aurez besoin (les limites, les ressources, un conseil, etc.) ; 3. imaginez la forme symbolique (en ligne, en cercle, en croix, etc.) de votre tirage. Pour vous lancer, rien de mieux que d'imaginer le tirage pour répondre à la question : « Comment booster ma créativité ? »

TRACKERS

Intuition ○○○○○○○○

Magie ○○○○○○○○

Bien-être ○○○○○○○○

Semaine 21

DU 23 AU 29 MAI

Ma pensée de la semaine : je réconcilie mes polarités

Si l'on parle de plus en plus du féminin sacré, il est important de se rappeler que cette partie intime de nous va de pair avec notre énergie masculine. En nous évoluent deux polarités, yin et yang, qu'il convient de réconcilier car l'une ne va pas sans l'autre. Il est important de prendre conscience de cette magie qui opère subtilement à l'intérieur de nous et qui, si elle est déséquilibrée, nous empêche d'avancer et de créer.

LUNDI 23

MARDI 24

MERCREDI 25

JEUDI 26

Ascension

MAGIE DU QUOTIDIEN

Mon utérus, mon chaudron sacré

Lorsque vous doutez de votre capacité à créer, revenez à votre espace intérieur pour vous reconnecter à votre énergie créatrice. Tel un chaudron, vous utérus est le berceau de votre énergie vitale. C'est aussi là que vous pouvez faire mijoter vos projets d'un point de vue énergétique. Pour prendre soin de cet espace sacré, découvrez les bienfaits d'une bénédiction de l'utérus. Initié par Miranda Gray, ce rituel est proposé gratuitement 5 fois par an.

Notes

WITCHY TIPS

Le cerf, l'animal totem du masculin sacré

Pendant de la biche, animal totem du féminin, le cerf est le fier représentant du masculin sacré. Avec ses grands bois, il symbolise la force, la protection et la stabilité. Ensemble, ils forment un couple créateur puissant. Quel que soit le projet sur lequel vous êtes en train de travailler, appelez à vous l'énergie du cerf au cours de l'une de vos méditations ou dans vos rêves pour équilibrer vos polarités si vous avez davantage l'habitude de travailler sur votre féminin sacré.

To do list

VENDREDI **27**

SAMEDI **28**

DIMANCHE **29**

Fête des mères

L	M	M	J	V	S	D
25	26	27	28	29	30	1
2	3	4	5	6	7	8
9	10	11	12	13	14	15
16	17	18	19	20	21	22
23	24	25	26	27	28	29
30	31	1	2	3	4	5

DIVIN'ACTION

Vous avez tiré : la Tempérance

Pour avancer sereinement et mêler harmonieusement travail et plaisir, passion et contemplation, il est nécessaire de rechercher le juste équilibre. On pourrait croire qu'il s'agit d'accorder des forces inconciliables, mais c'est sans compter la magie de la coopération. Cette carte vous demande de trouver en vous la meilleure façon de réconcilier vos polarités pour mettre votre énergie créatrice au service de vos projets, de vos objectifs.

TRACKERS

Intuition ○○○○○○○○○

Magie ○○○○○○○○○

Bien-être ○○○○○○○○○

Semaine 22

DU 30 MAI AU 5 JUIN

Ma pensée de la semaine : je suis la cré'actrice de ma vie

Plaisir, désir et envie, voilà trois mots bien trop souvent interdits lorsque l'on parle des femmes et de leur magie. Pourtant, il s'agit de la source même de notre énergie de vie, un potentiel créateur qu'il ne faut pas négliger. Apprendre à identifier ce qui vous fait plaisir, nommer votre désir, exprimer vos envies pour avancer et entreprendre joyeusement vos projets, est un pouvoir personnel qu'il vous faut apprendre à développer ou à mieux appréhender.

LUNDI 30 ●

MARDI 31

MERCREDI 1er

JEUDI 2

MAGIE DU QUOTIDIEN

Je ne boude pas mon plaisir

Alors qu'autour de nous les injonctions sont nombreuses et que nous sommes envahies de « il faut » et « je devrais », il est grand temps d'apprendre à identifier ce qui vous fait plaisir. Au cours de cette semaine, notez dans votre grimoire tout ce qui vous donne du plaisir ; c'est peut-être ce gâteau à la pâtisserie, ce bain magique dans lequel vous aller vous plonger ou le repas surprise préparé par votre moitié. Autorisez-vous à prendre du plaisir sans aucune culpabilité.

Notes

WITCHY TIPS

Brume du désir

Pour éveiller votre désir et, pourquoi pas, celui de votre moitié, réalisez une brume enchantée à vaporiser autant sur votre corps que sur des draps frais. Remplissez un flacon vaporisateur d'eau pour moitié et pour moitié d'hydrolat d'ylang-ylang. Connue pour son parfum intense, voluptueux et ses vertus stimulantes, aphrodisiaques, l'ylang-ylang est une plante idéale pour réveiller votre énergie vitale.

To do list

VENDREDI 3

SAMEDI 4

DIMANCHE 5
Pentecôte

L	M	M	J	V	S	D
25	26	27	28	29	30	1
2	3	4	5	6	7	8
9	10	11	12	13	14	15
16	17	18	19	20	21	22
23	24	25	26	27	28	29
30	31	1	2	3	4	5

DIVIN'ACTION

J'explore mes envies

Utilisez votre tarot pour questionner votre dynamique personnelle et explorer vos envies. Battez vos cartes en vous concentrant sur l'intention de tirage : comment donner vie à mes envies? Étalez ensuite vos cartes devant vous et choisissez-en 3. La première représente «ce qu'il est bon pour moi de créer», la deuxième «la ressource personnelle qu'il est serait bon d'activer» et enfin, la troisième, «ce dont il faut me libérer pour créer sans culpabilité».

TRACKERS

Intuition ○○○○○○○○○

Magie ○○○○○○○○○

Bien-être ○○○○○○○○○

Ma roue des lunes de mai

Chaque jour, complétez votre roue des lunes pour mieux appréhender votre flow de magie au regard de votre cycle menstruel et du cycle lunaire. Soyez attentive à vos ressentis psychiques, physiques et émotionnels.

lunes

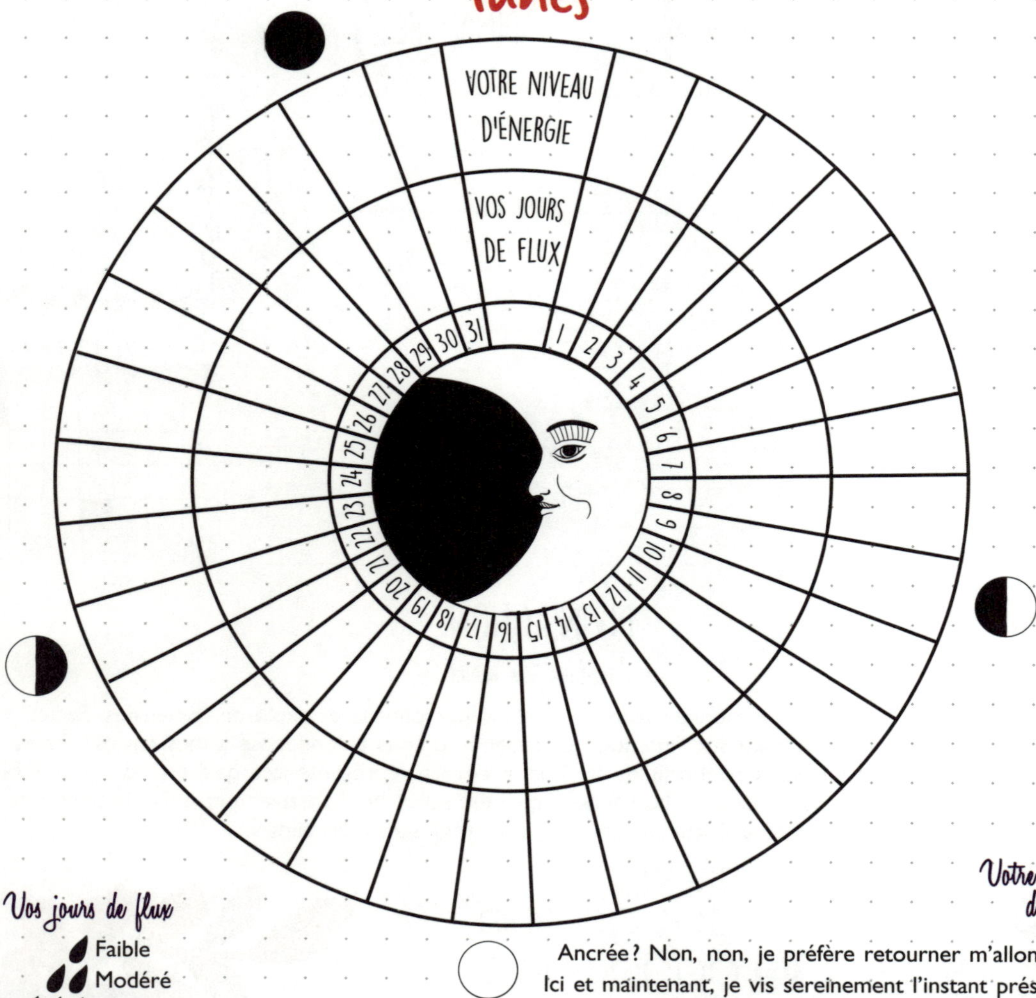

Vos jours de flux

- Faible
- Modéré
- Intense

Votre niveau d'énergie

- Ancrée ? Non, non, je préfère retourner m'allonger
- Ici et maintenant, je vis sereinement l'instant présent
- Reboostée, je continue sur ma lancée !

Mon grimoire de mai

Pour enrichir votre grimoire et garder une trace de votre exploration à la rencontre de votre magie personnelle, je vous propose de réaliser 3 activités ludiques, créatives et intuitives.

MON MOOD BOARD TAROT

Une autre façon d'apprendre à travailler avec votre jeu de tarot pour mieux appréhender les lames, et en particulier les arcanes majeurs, est de créer des mood boards. Une façon créative d'intégrer les significations clés de chaque carte étudiée.

En pratique

- J'ouvre une double page de mon grimoire.
- J'étudie l'histoire comme la symbolique de la carte étudiée.
- Sur la page de droite, je note les concepts et les mots clés.
- Sur la page de gauche, je colle des images qui me permettent de mieux les visualiser.
- Quand j'ai terminé, je pense à indiquer le nom, le numéro de la carte.
- Je prends le temps d'observer et d'apprécier le travail réalisé.

MON CHAUDRON CRÉATEUR

Offrez-vous un moment calme pour méditer et vous connecter à votre force de vie, votre énergie créatrice. Les mains posées au niveau de votre utérus, observez vos pensées, vos sensations, vos émotions et accueillez avec bienveillance et sans jugement ce qui se présente. Puis, dans votre grimoire (ou sur une feuille à glisser entre ces pages), représentez cet espace sacré de façon concrète en dessinant votre utérus ou bien encore en symbolisant un chaudron. Accueillez les émotions que cela fait naître. Enfin, notez la date, donnez un titre à votre réalisation et remerciez-vous pour cet instant de connexion à cette part de soi si souvent oubliée.

J'ÉCRIS MON JOURNAL DE SORCIÈRE

Au quotidien, comment puis-je nourrir ma créativité ?

....

Quel est mon rituel bien-être préféré pour m'ancrer lorsque tout semble me submerger ?

....

Quelle est la meilleure façon pour moi d'équilibrer mon féminin et mon masculin sacrés ?

....

Ma cérémonie

Les mains liées

Autrefois, la célébration de Beltane était une période dédiée aux mariages païens et aux renouvellements des vœux pour l'année à venir. Plus particulièrement, pour les sorcières rattachées à la religion wiccan, Beltane symbolise l'union sacrée du Dieu et de la Déesse, qui tombe enceinte. Un temps dédié à l'amour, à la sexualité et à la fécondité. Une période propice aux nouvelles unions à l'occasion desquelles peut être réalisé le rituel des mains liées pour unir sa destinée à la personne aimée.

AVEC LE CŒUR, JE M'ENGAGE À HONORER NOTRE PART DE DIVINITÉ

Pour plus de facilité, ce rituel peut être dirigé par un·e officiant·e choisi·e parmi votre coven ou vos plus proches amis, il ne tient qu'à vous de l'adapter.

Seule ou entourée de vos proches, installez-vous face à la personne que vous aimez. Mettez votre main droite dans sa main droite et votre main gauche dans sa main gauche pour former ainsi le signe de l'éternité.

Tandis que tous respectent un temps de recueillement, la personne qui officie lie les mains des amoureux ensemble en faisant de gros nœuds avec les rubans, matérialisant leur attachement. Vous pouvez choisir 3 rubans colorés en lien avec votre promesse d'engagement (par exemple, le rouge pour la passion, le blanc pour l'honnêteté, l'or pour la longévité).

Tandis qu'elle réalise les nœuds, elle s'adresse solennellement à eux :

« Par ces nœuds, ici et maintenant,
Je scelle le caractère sacré de votre engagement
Que l'amour qui vous lie se déploie à l'infini. »

Les yeux dans les yeux, vous êtes ensuite invités à échanger vos vœux, promesses de votre sincère engagement et de votre dévouement. Puis, séparez délicatement vos mains sans défaire les nœuds (les rubans pourront ensuite être conservés en souvenir de votre engagement). Enfin, rien de mieux qu'un fougueux baiser pour clôturer ce mariage enchanté.

Juin

CŒUR DE SORCIÈRE

Vous voici arrivée aux portes de l'été, prête à rayonner et à profiter du portail énergétique du solstice pour célébrer la lumière à son apogée. Dehors, tout a repris vie, et nos corps prennent plaisir à se réchauffer au soleil et à vivre chaque journée plus intensément.

Après avoir pris soin de votre monde intérieur, tout vous invite maintenant à profiter de l'extérieur. Tandis que vous œuvrez à faire de vos projets une réalité, ce début de saison laisse de la place aux sorties entre amis, aux rencontres amoureuses, aux nouvelles collaborations professionnelles… Observez comme vous prenez plaisir à tisser de nouvelles relations et comme votre rapport au monde est plus chaleureux, plus harmonieux. Voilà l'été, il est temps d'en profiter !

Astro vibes

Gémeaux

À toutes mes relations

Tandis que la nature se tourne vers la lumière salutaire du Soleil, un peu plus haut dans le ciel, c'est la saison des Gémeaux qui s'ouvre. Elle apporte avec elle un vent de changement nécessaire à cette transition saisonnière.

LA FORCE DE MON ESPRIT EST UNE MAGIE

Signe d'air, les Gémeaux nous invitent au changement et nous poussent vers ce qui est bon pour nous. Ils nous demandent d'aligner nos actes et notre parole pour réaliser avec plus de justesse et de clarté les projets qui nous tiennent à cœur. Comme un face-à-face dans le miroir qui ne trompe pas, l'énergie des Gémeaux nous rappelle que le changement que nous voulons voir dans le monde débute par nous-même. Commençons alors par nous aimer avant de tourner notre regard vers les autres. C'est la base de toute relation saine et sereine.

On dit que les personnes nées sous ce signe portent en elles une certaine vivacité intellectuelle. Habiles, ingénieux et créatifs, les Gémeaux nous invitent à cultiver un esprit éclairé et à nous mouvoir au quotidien avec agilité. Anticonformistes par nature, portés par les énergies du changement, les Gémeaux nous rappellent qu'en focalisant notre esprit sur ce qui nous fait vraiment vibrer, nous pouvons avancer et rayonner sereinement et en confiance.

QUAND JE SUIS BIEN ENTOURÉE, MON ÉNERGIE EST DÉCUPLÉE

Avec son esprit affuté, le Gémeaux a compris l'importance d'être bien entouré. Portée par son énergie, nous sentons l'envie irrésistible d'échanger, de communiquer et de tisser des liens authentiques avec notre communauté. Cette connexion chaleureuse avec le monde que les Gémeaux nous proposent d'initier va permettre de créer une nouvelle dynamique positive au service de notre mieux-être et de nos projets de vie. Au quotidien, notre manière d'être va devenir plus légère, plus aérienne, comme les premiers vents chauds de l'été qui accompagnent les conversations agréables en fin de soirée. L'esprit des Gémeaux nous rappelle aussi l'importance de ce lien à l'autre, aux autres. Un lien magique qu'il est nécessaire de cultiver et d'entretenir par de petites attentions au quotidien. Vous n'êtes pas faite pour vivre seule perchée en haut d'une montagne, alors laissez-vous porter par la saison estivale pour vous (re)connecter !

♊

Mon sac médecine

L'arrivée de l'été et la célébration de Litha (p. 124) constituent le moment idéal pour cueillir et faire sécher vos plantes. Je vous propose à cette occasion de fabriquer votre sac médecine à porter en collier, à glisser sous votre oreiller, à épingler dans l'intérieur de votre veste ou à déposer sur votre autel pour vous aider à entretenir des relations saines et sereines avec votre entourage au quotidien.

Matériel

- 1 plateau en bois pour déposer vos végétaux
- 1 morceau de tissu en coton ou en lin de 30 x 20 cm environ
- 1 ruban jaune fin d'au moins 30 cm
- 1 fil de couleur rouge de 20 cm environ
- 1 bande de papier de 20 x 3 cm
- Plantes à faire sécher : sauge, jasmin, rose et/ou lavande
- Pierre de votre choix parmi : amazonite, fluorine ou sélénite

Fabrication

Sur votre balcon, dans votre jardin, au cours d'une balade dans les champs ou en forêt, partez en quête de vos plantes à faire sécher. Remerciez la nature pour ce don généreux en déposant quelques offrandes (eau, lait, miel) et en vous assurant de ne jamais prélever plus de 20% de la plante. Laissez-les sécher quelques jours à l'intérieur de votre habitation près de votre autel, à l'ombre et au sec, en les déposant sur votre plateau recouvert d'un tissu.

Rituel d'activation

Ouvrez votre cercle de pratiques magiques et créatives.

Dans la pochette en lin ou en coton que vous aurez préalablement réalisée, ou tout simplement retrouvée dans votre petit bazar de sorcière, déposez une pincée de chacune des plantes récoltées (vous pouvez les mélanger) et glissez-y la pierre.

Sur la bande de papier, inscrivez le mantra suivant : « J'attire à moi des personnes inspirantes et inspirées qui me soutiennent et me respectent sans jamais me juger. » Roulez le papier, maintenez-le serré avec le fil rouge et ajoutez-le dans la pochette.

Refermez votre sac médecine avec le ruban jaune et récitez :

« À toutes mes relations, passées, présentes et à venir,
Puissiez-vous me soutenir et m'aider à réussir. »

Refermez votre cercle, choisissez l'emplacement idéal de votre sachet et laissez sa magie opérer !

Semaine 23

DU 6 AU 12 JUIN

Ma pensée de la semaine : je m'aime, tout simplement

Lorsque l'on aborde le sujet des relations, on pense toujours en premier lieu aux autres plutôt qu'à la relation que l'on entretient avec soi-même. Il n'est pas question ici d'égocentrisme. L'amour de soi est un précieux trésor qui fonctionne un peu comme un muscle. Il a besoin d'être stimulé régulièrement pour se renforcer. Apprenez à vous aimer avec bienveillance, sans jugement et, bien sûr, avec une touche de magie !

LUNDI 6

Lundi de Pentecôte

MARDI 7 D

MERCREDI 8

JEUDI 9

MAGIE DU QUOTIDIEN

L'art de se complimenter

Recevoir un compliment déclenche dans notre cerveau une vague d'ocytocine, l'hormone du bonheur, du plaisir et de l'attachement. Un outil essentiel pour développer l'estime de soi ! Installez-vous devant un miroir et prenez un instant pour vous observer. Puis, complimentez-vous. Dites à voix haute ce que vous aimez chez vous : vos yeux, vos cheveux, votre rire, votre façon de vous mouvoir. Un rituel bien-être à adopter le matin pour bien commencer la journée.

Notes

WITCHY TIPS

Mon bain de sorcière

Se donner de l'amour, cela passe aussi par des moments magiques et de qualité avec soi-même. Dans votre salle de bains, créez une atmosphère enchantée en installant autour de votre baignoire des bougies blanches et rouges et des quartz roses pour la bienveillance, la tendresse et l'amour. Tandis que vous faites couler l'eau, dispersez-y des pétales et des boutons de rose pour soutenir cette intention. Prenez plaisir à vous baigner et à vous ressourcer.

VENDREDI 10 **SAMEDI 11** **DIMANCHE 12**

To do list

L	M	M	J	V	S	D
30	31	1	2	3	4	5
6	7	8	9	10	11	12
13	14	15	16	17	18	19
20	21	22	23	24	25	26
27	28	29	30	1	2	3

DIVIN'ACTION

Vous avez tiré : le Pape

Calme, confiant et serein, le Pape vous observe avec bienveillance. Il est prêt à vous écouter et à vous conseiller pour mieux vous aimer. Symbole de la réflexion qui précède le passage à l'action, cet arcane vous guide avec douceur vers la recherche de ce qu'il y a de mieux pour vous aujourd'hui. Dites-lui de quoi vous avez besoin, il saura vous éclairer.

TRACKERS

Intuition ○○○○○○○○○○

Magie ○○○○○○○○○○

Bien-être ○○○○○○○○○○

Semaine 24

DU 13 AU 19 JUIN

Ma pensée de la semaine : je m'autorise à rencontrer l'être aimé

Sorcière célibataire, si le cœur vous en dit, préparez-vous à rencontrer cette personne dont vous avez tant rêvé. En terrasse ou en soirée, au parc ou dans les rayons du supermarché, grâce à vos amis ou à une appli, demandez un coup de pouce à la magie. Et si vous êtes déjà en couple, mettez votre magie aux services de vos amis.

LUNDI **13**

MARDI **14** ○

MERCREDI **15**

JEUDI **16**

MAGIE DU QUOTIDIEN

Un vœu d'amour

Les mots portent en eux une magie. Faites alors un vœu d'amour. Écrivez sur une feuille : « À toi, mon Amour ». Décrivez la personne que vous souhaitez attirer. Comment est-elle ? Qu'est-ce qui la fait vibrer ? Quels sont les moments clés que vous avez envie de vivre à ses côtés ? Signez et datez. Puis glissez la lettre dans une enveloppe avec une fleur séchée (un brin de lavande ou de mimosa) et cachetez-la en gravant dans la cire tiède un sigil créé pour l'occasion. Ouvrez-la seulement lorsque vous aurez rencontré l'être aimé.

Notes

WITCHY TIPS

La magie « amoureuse » des fourneaux

Comme Peau d'Âne, réalisez un cake d'amour pour la personne que votre cœur aura choisie. Pour cela : 3 doses de farine, ½ sachet de levure, 1 ½ dose de sucre, ½ dose de beurre et 1 pincée de sel. Au lieu d'une bague, mettez plutôt des pépites de chocolat noir, des brisures de framboises, des morceaux de gingembre confit ou une pincée de piment d'Espelette, des aliments réputés pour leur effet aphrodisiaque.

To do list

VENDREDI 17

SAMEDI 18

DIMANCHE 19

Fête des pères

L	M	M	J	V	S	D
30	31	1	2	3	4	5
6	7	8	9	10	11	12
13	14	15	16	17	18	19
20	21	22	23	24	25	26
27	28	29	30	1	2	3

DIVIN'ACTION

Le tirage de l'amour

Que vous soyez célibataire ou en couple, utilisez votre tarot pour questionner votre dynamique amoureuse. Battez vos cartes en pensant fort à la personne aimée ou désirée. Coupez votre jeu avec la main gauche et demandez à gagner en clarté quant à l'évolution dans le temps de cette (nouvelle) histoire. Puis, piochez avec la main droite 3 cartes sur le dessus du paquet. La première représente votre passé, la deuxième concerne le présent et la troisième, votre futur !

TRACKERS

Intuition ○○○○○○○○

Magie ○○○○○○○○

Bien-être ○○○○○○○○

Semaine 25

DU 20 AU 26 JUIN

Ma pensée de la semaine : j'entretiens d'authentiques et belles amitiés

Véritable pilier du mieux-être, l'amitié contribue à notre épanouissement personnel. Loyauté, complicité, humour, soutien, encouragement… Bien entourée par nos amis, tout est beaucoup plus facile. L'essentiel est de tisser des liens de qualité avec des personnes qui nous veulent du bien et qui auront à cœur d'être présentes dans les bons comme dans les mauvais moments.

LUNDI **20**

MARDI **21** ☾

MERCREDI **22**

JEUDI **23**

MAGIE DU QUOTIDIEN

Petits rituels entre amis

Dans notre société hyperconnectée où s'est créée une distance sociale, rien de mieux que d'instaurer des petits rituels entre amis, des moments de qualité en petit comité dont la récurrence est adaptée pour s'inscrire facilement dans tous les plannings. Réunir régulièrement votre cercle d'amis va permettre de tisser des amitiés durables. Qu'allez-vous mettre en place ? Un pique-nique annuel, une sortie ciné mensuelle ou bien encore un dîner gourmand tous les jeudis soir entre sœurcières ?

Notes

WITCHY TIPS

L'abeille, l'animal totem de l'amitié

Invitez l'abeille dans vos travaux magiques d'amitié en la dessinant sur vos parchemins d'incantation ou en la portant en pendentif sur un collier. Symbole de l'intelligence collective et de l'harmonie, l'abeille est connue pour être l'alliée parfaite à invoquer lorsque l'on souhaite prendre soin de sa tribu de cœur. Elle nous invite à profiter des bienfaits du groupe tout en nous rappelant à notre singularité.

To do list

VENDREDI **24**

SAMEDI **25**

DIMANCHE **26**

L	M	M	J	V	S	D
30	31	1	2	3	4	5
6	7	8	9	10	11	12
13	14	15	16	17	18	19
20	21	22	23	24	25	26
27	28	29	30	1	2	3

DIVIN'ACTION

Vous avez tiré : le Diable

En amitié, cet arcane symbolise la passion, la fusion, l'excès. Il vous invite à questionner votre dynamique relationnelle et à identifier les relations qui sont saines, sereines et celles qui peuvent créer chez vous une codépendance. Le Diable vous rappelle que s'il est plaisant de s'amuser et de festoyer, les plus belles amitiés sont celles qui nous portent vers le haut et qui s'inscrivent dans la durée.

TRACKERS

Intuition ○○○○○○○○○○

Magie ○○○○○○○○○○

Bien-être ○○○○○○○○○○

Semaine 26

DU 27 JUIN AU 3 JUILLET

Ma pensée de la semaine : je contribue à ma communauté

Développer au quotidien vos relations, c'est aussi réfléchir à la meilleure façon pour vous de contribuer au monde d'aujourd'hui en faisant preuve de solidarité. Se sentir soutenue et entourée est une ressource tant convoitée qu'il est bon de la redistribuer. Participer activement au maillage de l'entraide, c'est l'occasion de rencontrer de nouvelles personnes qui partagent vos valeurs comme vos centres d'intérêt.

LUNDI **27**

MARDI **28**

MERCREDI **29** ●

JEUDI **30**

MAGIE DU QUOTIDIEN

Je deviens bénévole

Il n'y a pas plus simple magie que de donner de son temps et de sa présence. Choisissez une cause qui vous tient à cœur et soutenez-la en vous inscrivant comme bénévole (FranceBenevolat.org ou bien croix-rouge.fr ; renseignez-vous aussi auprès des associations sportives, culturelles et sociales de votre ville). Dédiez quelques heures par semaine ou par mois à l'association de votre choix et sentez-vous grandir grâce aux nouveaux liens que vous allez tisser en toute authenticité.

Notes

WITCHY TIPS

La magie de la solidarité

La solidarité est une valeur que les sorcières ont à cœur de partager. Transmission éclectique, prêt de livres, don de plantes séchées, échange de pierres, de recettes ou bien encore de rituels sont autant de petits gestes qui permettent de s'entraider au quotidien avec une touche de magie. Ce n'est pas parce que vous débutez ou que vous pratiquez seule que vous ne pouvez pas demander de l'aide à notre communauté. Quelle joie de se retrouver pour pratiquer et déployer ensemble notre magie !

To do list

VENDREDI 1er

SAMEDI 2

DIMANCHE 3

L	M	M	J	V	S	D
30	31	1	2	3	4	5
6	7	8	9	10	11	12
13	14	15	16	17	18	19
20	21	22	23	24	25	26
27	28	29	30	1	2	3

DIVIN'ACTION

Tirage solidaire

Pour participer au réenchantement de l'entraide et de la solidarité, je vous invite à proposer ponctuellement des tirages. C'est l'occasion de vous entraîner et une façon sympathique de mettre votre magie au service de celles et ceux qui seraient intéressés. Plusieurs possibilités s'offrent à vous, vous pouvez leur demander de poser la question de leur choix ou vous pouvez en amont préciser le thème du tirage qui sera réalisé.

TRACKERS

Intuition ○○○○○○○○○

Magie ○○○○○○○○○

Bien-être ○○○○○○○○○

Ma roue des lunes de juin

Chaque jour, complétez votre roue des lunes pour mieux appréhender votre flow de magie au regard de votre cycle menstruel et du cycle lunaire. Soyez attentive à vos ressentis psychiques, physiques et émotionnels.

lunes

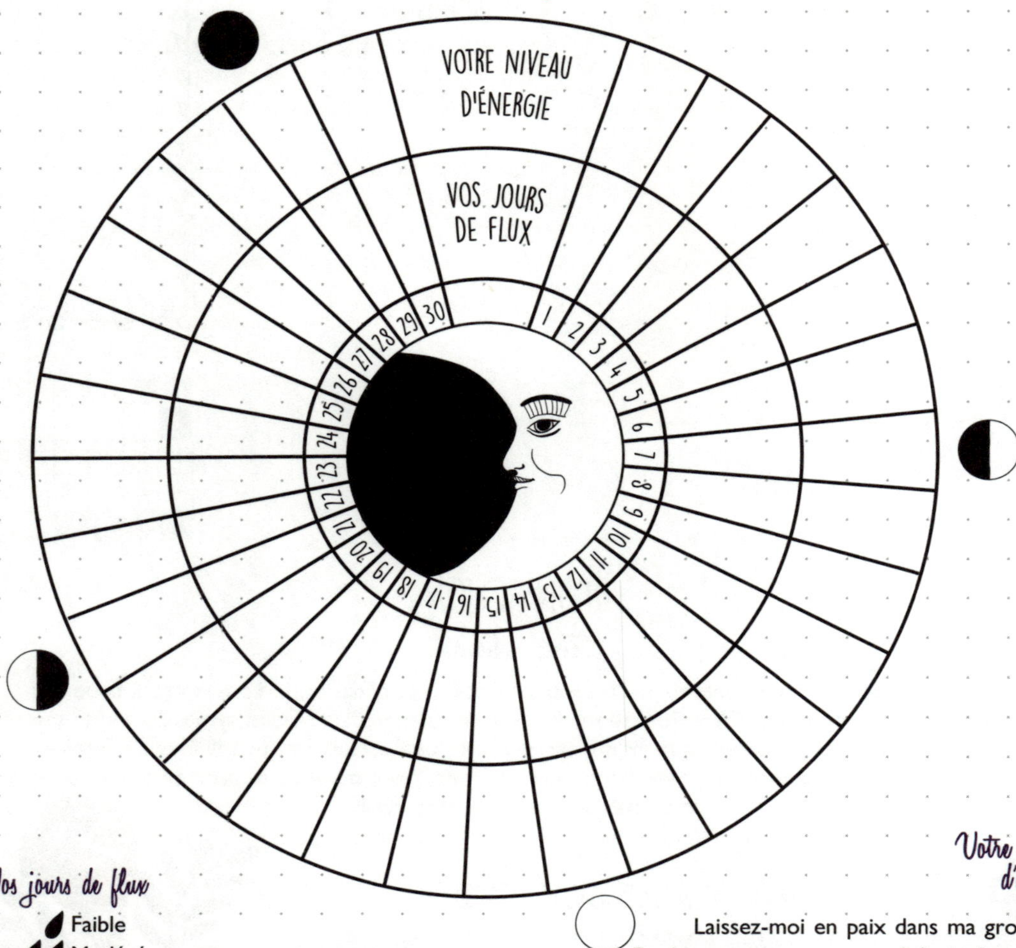

Vos jours de flux

- Faible
- Modéré
- Intense

Votre niveau d'énergie

- Laissez-moi en paix dans ma grotte
- En douceur, comme ma météo intérieure
- Tempête de soleil sur mon cœur

Mon grimoire de juin

Pour enrichir votre grimoire et garder une trace de votre exploration à la rencontre de votre magie personnelle, je vous propose de réaliser 3 activités ludiques, créatives et intuitives.

J'ÉCRIS MON JOURNAL DE SORCIÈRE

Quelle est ma définition de l'amitié ?

Quels sont les 10 choses que j'aime le plus chez moi ?

Quelle est la meilleure façon pour moi de rencontrer de nouvelles personnes ?

JE DESSINE

Nous avons toutes besoin d'un fan club, ce groupe de proches qui nous soutient dans nos projets de vie, nous encourage et nous aide à avancer au quotidien. Si autour de vous gravite un nombre plus ou moins important de personnes, il peut être intéressant de faire le point sur ceux qui cheminent positivement à vos côtés. Ouvrez une nouvelle page de votre grimoire et dessinez trois cercles concentriques. Au centre, votre cercle d'intimes, ces personnes à qui vous pouvez tout confier, puis votre cercle amical, ces personnes avec qui vous avez plaisir à vous amuser, le troisième cercle est pour les personnes avec qui vous partagez seulement un travail, un loisir, des centres d'intérêt. Que remarquez-vous en remplissant ces cercles ? Qu'est-ce que cela vous inspire ? Qu'avez-vous envie de mettre en place pour vous sentir mieux entourée ?

JE (RE)DÉCOUVRE LA MAGIE DES PHOTOS

Prenez plaisir à redécouvrir et imprimer vos photos préférées.

En pratique

- Je m'installe dans un endroit confortable où je ne serai pas dérangée.
- Je pose avec clarté mon intention : « Ces personnes qui me font grandir. »
- Je réunis les photos où je suis entourée de mes proches.
- Je me laisse guider par mon intuition pour assembler tout cela.
- J'ajoute des embellissements selon mes envies : stickers, paillettes, rubans, strass, etc.
- Quand j'ai terminé, je pense à donner un titre à mon tableau et à noter la date.
- Je prends le temps d'observer et d'apprécier le travail réalisé.

Ma cérémonie 21 juin

Litha

À l'heure du solstice d'été, il est temps de célébrer Litha. En cette journée, la plus longue de l'année, le Soleil est au plus proche de la Terre et charge la nature de tout son pouvoir. C'est le moment de recharger vos amulettes, vos runes, vos cristaux, de cueillir et de faire sécher vos plantes de sorcière pour toute l'année.

JE RAYONNE DE TOUT MON CŒUR

Après avoir rêvé tout l'hiver et semé les graines de nos projets au printemps, appréciez les fruits de votre travail. L'amour et l'amitié sont au cœur de ce sabbat mineur de la roue de l'année des sorcières, qui marque le cœur de l'été selon le calendrier ésotérique. Litha est un temps de rassemblement où l'on se retrouve gaiement avant le temps des moissons pour célébrer la lumière à son apogée. Un temps fort pour renouveler ses vœux en amour comme en amitié auprès de sa communauté et s'engager pleinement à y contribuer tout au long de l'année par sa présence, ses actions et le cœur.

MON RITUEL DE GUÉRISON

Litha rime avec «guérison», une guérison solaire pour recharger notre lumière intérieure et nous permettre de briller, de rayonner jusqu'à la fin de l'année. Je vous invite alors à profiter de ce portail énergétique pour vous rendre à la rivière et organiser votre rituel de guérison sous le patronage des éléments.

Installez-vous près d'une rivière où vous pourrez vous baigner (ou au moins tremper vos pieds) et prenez plaisir à créer un autel éphémère avec, pourquoi pas, un mandala végétal fait de petits cailloux, de feuilles et de fleurs que vous aurez trouvés à proximité. Après un temps de méditation pour vous recentrer, ouvrez votre cercle magique. Puis déchaussez-vous et avancez dans l'eau pour invoquer la magie des éléments :

«Pieds nus sur la terre, j'ai marché
Le vent dans les cheveux, jusqu'ici je suis arrivée.
Dans l'eau, chacune de mes blessures j'ai pansé
Pour qu'au soleil mon cœur puisse enfin cicatriser.
Sous le patronage des éléments, me voilà prête ici et maintenant.»

Retournez ensuite près de votre autel et séchez-vous grâce à la chaleur du soleil. Notez vos ressentis dans votre grimoire et laissez la magie guérisseuse de Litha œuvrer.

Juillet

AU SOLEIL, L'ÂME AGIT

Tandis que la roue de l'année continue de tourner, vous voilà prête à profiter de l'été tout en poursuivant la réalisation de vos projets. Apaisée, connectée à votre vibration personnelle et bien entourée, rayonnez ! Dehors, tout resplendit grâce à la lumière et à la chaleur du soleil qui donne aux fruits leurs couleurs et cette saveur si particulière.

Depuis ce début d'année, vous travaillez avec détermination à mettre votre magie au service de vos projets, il est maintenant temps de prendre plaisir à voir les fruits de votre travail mûrir. Tout ce que vous avez secrètement souhaité réaliser est en train de se matérialiser, vous pouvez être fière de vous.

L'été, c'est un temps pour oser. Oser être soi, avoir confiance en soi et se lancer de nouveaux défis pour toujours aller de l'avant. Profitez alors de cette période estivale pour vous offrir du temps de qualité pour vous, pour laisser œuvrer la magie que vous avez eu à cœur d'activer depuis le début de l'année et pour recharger vos batteries avant le moment tant attendu des moissons.

Astro vibes

Cancer

Le je(u) des émotions

Alors que la chaleur de l'été nous accompagne, la saison du Cancer nous invite à rejoindre la fraîcheur de la plage à la nuit tombée pour contempler les vagues sous la lune, nous allonger sur le sable chaud et accueillir sereinement notre flot d'émotions. Nous sommes en sécurité, la roue continue de tourner, tout va bien se passer.

MES ÉMOTIONS, UNE FORCE INSOUPÇONNÉE

Signe d'eau, le Cancer nous invite à nous connecter à nos émotions les plus enfouies pour prendre conscience de notre transformation. Cette intelligence émotionnelle dont il est le gardien est un véritable cadeau qu'il nous appartient de mettre au service des projets que nous avons à cœur de réaliser.

Le Cancer nous propose en effet de puiser dans nos émotions et nos sensations le courage d'oser. Utiliser votre carapace pour vous soutenir dans tout ce que vous entreprenez. Une mise en mouvement plus douce, plus subtile et plus agile que celle que nous avons été amenées à activer depuis le début de l'année.

JE ME CONNECTE À LA MAGIE DE MON ENFANT INTÉRIEUR

L'énergie du Cancer a une saveur particulière. De même que le crabe qui marche à reculons (son symbole), il est en lien avec notre passé. C'est avec une certaine nostalgie qu'il nous invite à regarder en arrière, non pas pour avoir des remords ou des regrets, mais pour nous reconnecter à la magie de notre enfance insouciante. C'est l'occasion pour chacune d'entre nous d'observer le chemin déjà parcouru et de nous assurer que nous sommes bien alignée avec ce qui nous met en joie et nous anime depuis toujours.

Connu pour être un signe sensible, sentimental, lié aux joies naïves de l'enfance, le Cancer est aussi connu pour sa capacité à agir de façon créative pour se protéger. Avec lui, nous nous sentons suffisamment en sécurité pour accueillir les vagues d'émotions qui pourraient nous submerger.

Premier signe de l'été, le Cancer nous rappelle combien il est bon de prendre le temps de laisser maturer les actions lancées pour les sublimer au soleil et mieux en profiter. Une nouvelle saison, un nouveau cycle s'ouvrent à nous, c'est le moment idéal pour un point d'étape afin d'intégrer les premiers enseignements de l'année.

♋

Abraca'DIY

Mon talisman de courage

Je vous propose de fabriquer un talisman de courage pour vous aider à être enfin celle que vous êtes et oser réaliser vos projets. Vous pourrez ensuite le porter autour de votre cou grâce à un cordon en tissu et le laisser pendre au niveau de votre cœur pour faire rayonner son aura et activer votre courage dès que vous en aurez besoin.

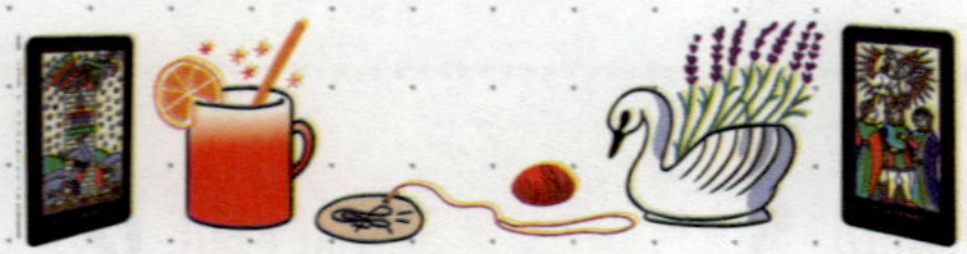

Matériel

- Du sel marin en grain fin (sel de table)
- De la farine
- De l'eau
- Un saladier
- Un petit verre
- Une assiette plate
- Une paille ou une aiguille
- Un cordon en tissu de préférence, prévoyez assez de longueur pour que le talisman soit positionné au niveau de votre cœur
- Un ustensile pour graver des formes dans une matière molle

Fabrication

Ouvrez votre cercle. Dans le saladier, versez 2 verres de farine, 1 verre de sel et 1 verre d'eau pour fabriquer de la pâte à sel. Formez une grosse boule puis, avec une cuillère à soupe, prélevez une première partie. Dans le creux de vos mains, formez une petite boule et écrasez-la sur le plan de travail. Avec vos doigts humidifiés, pour ne pas laisser vos empreintes, ajustez le disque obtenu. Avec une paille ou une aiguille, créez un trou assez large pour, plus tard, y passer le cordon.

Rituel d'activation

Tracez un sigil pour ancrer dans la matière la magie de votre intention. Laissez-vous porter par votre intuition et gravez-le dans la pâte à l'aide de votre ustensile. Pour renforcer sa force et son pouvoir, répétez à haute voix :

« Aujourd'hui dans ce talisman j'ai scellé
Le courage d'oser affirmer ma vérité.
Maintenant sur mon chemin de beauté
En confiance je peux continuer à avancer. »

Avec une spatule, déposez délicatement votre talisman sur l'assiette, laissez sécher à l'air libre plusieurs jours.
Profitez de la matière restante pour confectionner des talismans pour vos proches, votre coven…
Fermez votre cercle et laissez la magie s'imprégner dans la matière.

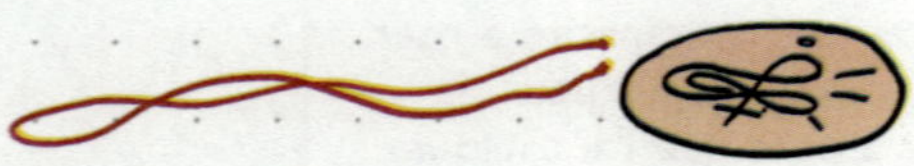

Semaine 27

DU 4 AU 10 JUILLET

Ma pensée de la semaine : j'ai le courage d'être celle que je suis vraiment

Oser s'affirmer commence toujours par un acte d'amour et de bravoure : le courage d'être soi. Cela demande d'apprendre à se connaître, à utiliser avec agilité ses talents, à poser des limites et à accueillir ses ressentis quels qu'ils soient. Il s'agit là de se choisir et de s'autoriser à être celle que nous sommes appelée à être. Un acte militant qui demande de se reconnecter à notre magie première, celle de l'enfance et de tous les possibles.

LUNDI 4

MARDI 5

MERCREDI 6

JEUDI 7 D

MAGIE DU QUOTIDIEN

Ma chère petite sorcière

Reconnectez-vous à votre petite sorcière intérieure, celle qui, enfant, faisait des potions magiques avec les herbes du jardin, qui guérissait ses peluches avec des bisous. Sur une nouvelle page de votre grimoire, dialoguez avec elle en choisissant une couleur pour vous et une autre pour elle. Demandez-lui ce que sont devenus ses passions, sa joie, sa capacité à oser. « Ma chère petite sorcière, toi qui n'avais peur de rien, puisses-tu me rappeler à celle que j'ai toujours été. »

Notes

WITCHY TIPS

La magie du NON !

Saviez-vous que dire «non» pour un enfant lui permet d'exister par lui-même car il commence ainsi à dire «Je». Les sorcières n'ont pas oublié ce pouvoir de l'enfance. Comme elles, apprenez à dire «non» à ce qui ne vous convient pas, à ce qui n'est pas bon pour vous, à ce qui ne vous va plus. Telle une incantation, prononcez «NON» et libérez la magie cachée de ces 3 lettres ensorcelées.

To do list

VENDREDI 8

SAMEDI 9

DIMANCHE 10

L	M	M	J	V	S	D
27	28	29	30	1	2	3
4	5	6	7	8	9	10
11	12	13	14	15	16	17
18	19	20	21	22	23	24
25	26	27	28	29	30	31

DIVIN'ACTION

Vous avez tiré : l'Amoureux

Si l'on pense souvent que cette carte représente l'amour, c'est bien plus que cela. Cet arcane symbolise l'expression de vos sentiments, de vos ressentis. Il vous invite à dire tout haut ce qui se passe tout bas en votre for intérieur. Cette lame vous demande d'être à l'écoute de vos sensations et de vos émotions pour prendre des décisions avec justesse et clarté. Avec l'Amoureux à vos côtés, il est temps d'oser être vous-même en affirmant vos choix de vie.

TRACKERS

Gratitude ○○○○○○○○○○

Sport ○○○○○○○○○○

Créativité ○○○○○○○○○○

Semaine 28

DU 11 AU 17 JUILLET

Ma pensée de la semaine : je révèle ma beauté au grand jour

Porter les vêtements qui nous mettent en joie, nous coiffer au gré de nos envies, choisir de nous maquiller ou pas, jouer avec les codes et les accessoires, tout cela est important pour se sentir bien dans sa peau. Notre apparence est ce que nous projetons au monde. S'il n'est pas question de copier-coller les magazines, il est important que chacune trouve la meilleure façon pour elle de se mettre en valeur pour s'affirmer avec authenticité et révéler au monde sa beauté.

LUNDI **11**

MARDI **12**

MERCREDI **13** ○

JEUDI **14**

Fête nationale

MAGIE DU QUOTIDIEN

Je relooke ma sorcière intérieure

Expertes dans l'art de la transformation, les sorcières ont bien compris que l'apparence est un outil au service de leur magie. Observez les formes de votre corps, testez de nouvelles coupes, de nouvelles couleurs. Laissez vos cheveux blancs inonder votre crinière, osez porter un chapeau, des bijoux avec vos pierres préférées. Jouez avec les couleurs, les textures, les matières. Il s'agit de se faire belle pour soi. Là est le secret.

Notes

WITCHY TIPS

Le cygne que j'attendais...

Lorsqu'il s'agit de prendre conscience de votre propre beauté, appelez à vous la magie du cygne, symbole de l'amour, de la grâce et de la beauté. Ses plumes blanches immaculées sont précieuses à ramasser au bord des mares et des lacs. Vous pouvez les déposer sur votre autel ou bien encore les travailler en bijoux ou en broche à fixer sur votre veste d'été. Oiseau aquatique, on l'associe aussi aux émotions enfouies qui, une fois révélées, vous permettent de vous affirmer.

To do list

VENDREDI **15**

SAMEDI **16**

DIMANCHE **17**

L	M	M	J	V	S	D
27	28	29	30	1	2	3
4	5	6	7	8	9	10
11	12	13	14	15	16	17
18	19	20	21	22	23	24
25	26	27	28	29	30	31

DIVIN'ACTION

Un tirage pour apprendre à se valoriser

Pour vous aider à vous affirmer, voici un tirage à 3 cartes. Mélangez votre jeu en pensant à la meilleure façon d'être au monde dans toute votre beauté. Puis, tirez 3 cartes ; la première, à poser à gauche, identifie ce qu'il y a de plus beau en vous et qu'il est temps de révéler ; la deuxième, à droite, désigne ce que vous pourriez améliorer ; une dernière carte au centre vous conseille sur la meilleure stratégie à adopter pour oser vous valoriser.

TRACKERS

Gratitude ○○○○○○○○○

Sport ○○○○○○○○○

Créativité ○○○○○○○○○

Semaine 29

DU 18 AU 24 JUILLET

Ma pensée de la semaine : je crois en moi, je suis prête pour cela !

Bien plus qu'une capacité, la confiance en soi est un état d'esprit, une posture à adopter pour oser affirmer notre vérité au monde entier. Plus vous apprendrez à vous connecter à cette magie, plus vous gagnerez en assurance, en motivation et en détermination dans chacun des aspects de votre vie. La confiance en soi, c'est l'ingrédient secret des sorcières pour les aider à passer à l'action au quotidien et entreprendre ainsi les projets de vie qui leur tiennent à cœur.

LUNDI **18**

MARDI **19**

MERCREDI **20** ☾

JEUDI **21**

MAGIE DU QUOTIDIEN

Je déclame mon kasàlà

Pour affirmer haut et fort votre place en ce monde, je vous propose un travail d'écriture inspiré du kasàlà, un poème de la tradition oratoire africaine, dont la déclamation renforce la confiance et l'estime de soi. Écrivez «Je suis…», puis, il n'y a qu'une règle : l'amplification. Quoi que vous disiez sur vous, exagérez-le et amusez-vous avec les métaphores. Vous êtes généreuse? Vous voilà telle une source d'eau fraîche déferlant du haut de la montagne. Rédigez vos louanges en imaginant que vous allez lire votre texte à voix haute.

Notes

WITCHY TIPS

Le jaspe rouge, ma pierre de confiance

Cette pierre permet à celles qui doutent de leurs capacités de surmonter leurs peurs pour avancer avec courage, détermination et audace vers les objectifs qu'elles se sont fixés. Portée en talisman près du cœur, cette pierre permet à sa propriétaire de renforcer suffisamment sa confiance en elle et d'oser s'affirmer pour entreprendre ce qui lui paraissait jusqu'alors impossible.

To do list

VENDREDI 22

SAMEDI 23

DIMANCHE 24

L	M	M	J	V	S	D
27	28	29	30	1	2	3
4	5	6	7	8	9	10
11	12	13	14	15	16	17
18	19	20	21	22	23	24
25	26	27	28	29	30	31

DIVIN'ACTION

Vous avez tiré : la Maison Dieu (ou la Tour)

Tandis que vous continuez à avancer sur votre chemin de beauté, l'arcane de la Maison Dieu vient questionner vos fondations. Il représente les prises de conscience fulgurantes qui bouleversent nos vies. Cette carte vous demande de faire tomber le masque, vos peurs et vos croyances limitantes et de revenir à l'essentiel : vous ! Vos capacités, vos compétences et vos traits de personnalité, les fondements de votre identité et de votre confiance en vous.

TRACKERS

Gratitude ○○○○○○○○○

Sport ○○○○○○○○○

Créativité ○○○○○○○○○

Semaine 30

DU 25 AU 31 JUILLET

Ma pensée de la semaine : je sais que je peux réussir

Devenir une sorcière, sûre d'elle et affirmée, est un travail de tous les jours. L'estime de soi est une chose fragile. Entre celle que l'on aspire à être, celle qu'on a l'impression d'être, et celle que l'on est véritablement, se crée parfois une dissonance où le mal-être peut s'installer. Pour vous en prémunir, continuez à instaurer dans vos rituels quotidiens des moments de qualité dédiés à booster votre confiance en vous.

LUNDI 25

MARDI 26

MERCREDI 27

JEUDI 28 ●

MAGIE DU QUOTIDIEN

La « Power Pose » de la sorcière

Au quotidien, l'attitude de notre corps est révélatrice de notre magie intérieure. Si notre posture peut révéler notre état d'esprit, elle peut aussi nous permettre de booster notre énergie pour dépasser nos peurs et affirmer notre valeur. Debout, le dos droit, les jambes légèrement écartées, les poings sur les hanches, le menton relevé, tenez cette posture pendant au moins 3 minutes et sentez les énergies de la Wonder-Witchy-Woman que vous êtes recharger votre jauge de confiance.

Notes

WITCHY TIPS

Potion de confiance

Avant un rendez-vous important comme un entretien d'embauche, un rendez-vous amoureux ou bien encore une présentation devant un public, buvez un grand verre de cette potion délicieuse. Lavez et découpez en morceaux 3 oranges, 2 carottes et 1 pomme verte et placez-les dans votre extracteur de jus. Ajoutez 1 c. à c. de curcuma en poudre et 1 pincée de gingembre râpé et laissez la magie de ces ingrédients vous porter vers le succès.

To do list

VENDREDI 29

SAMEDI 30

DIMANCHE 31

L	M	M	J	V	S	D
27	28	29	30	1	2	3
4	5	6	7	8	9	10
11	12	13	14	15	16	17
18	19	20	21	22	23	24
25	26	27	28	29	30	31

DIVIN'ACTION

Tirage de la confiance

Pour vous accompagner lors des moments clés de votre vie, au matin du jour J, tirez une carte parmi les arcanes majeurs de votre jeu l'allié qui va vous accompagner. Glissez la carte dans votre sac à main. Si vous sentez que vous perdez pied, que vos mots s'emmêlent et que la panique s'installe, concentrez-vous sur l'image, les symboles, les personnages de cette carte et demandez-lui de vous soutenir. Inspirez… Expirez… et laissez-vous guider !

TRACKERS

Gratitude ○○○○○○○○○

Sport ○○○○○○○○○

Créativité ○○○○○○○○○

Ma roue des lunes de juillet

Chaque jour, complétez votre roue des lunes pour mieux appréhender votre flow de magie au regard de votre cycle menstruel et du cycle lunaire. Soyez attentive à vos ressentis psychiques, physiques et émotionnels.

lunes

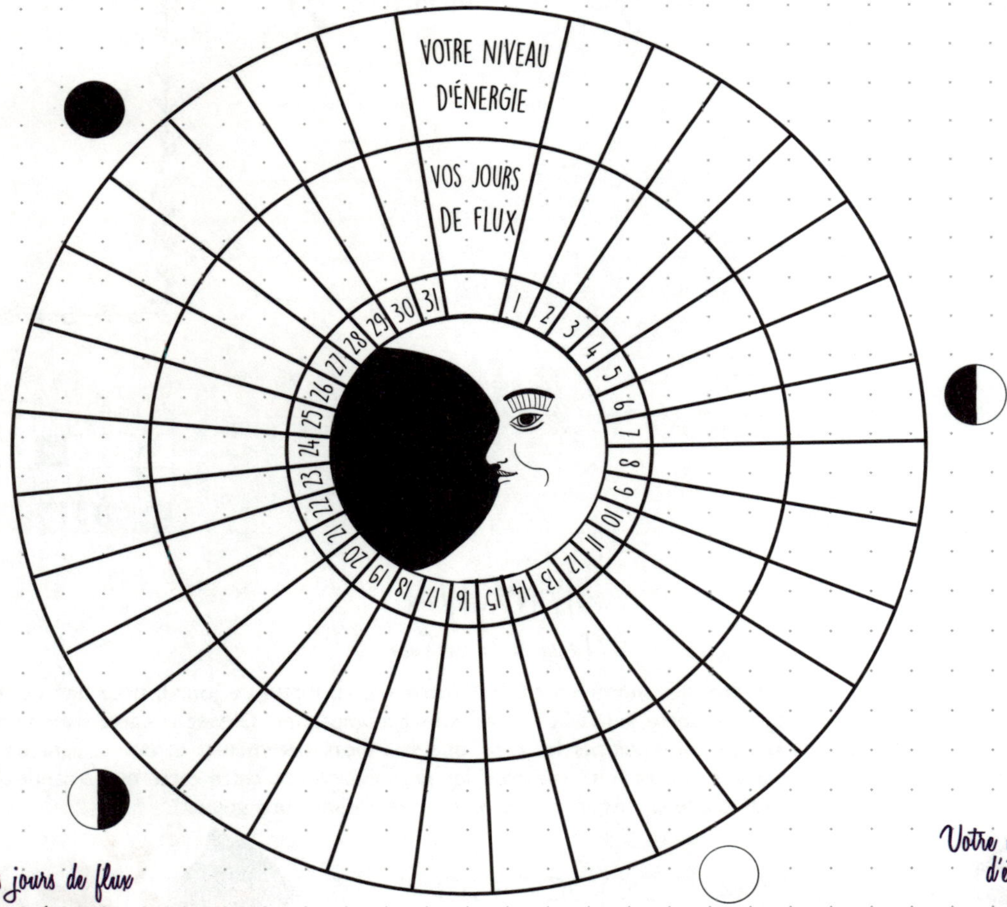

Vos jours de flux

- Faible
- Modéré
- Intense

Votre niveau d'énergie

- Euh, où puis-je me cacher ?
- Je suis là, confiante et sereine en ma demeure
- Yeah, girlz, je suis full power !

Mon grimoire de juillet

Pour enrichir votre grimoire et garder une trace de votre exploration à la rencontre de votre magie personnelle, je vous propose de réaliser 3 activités ludiques, créatives et intuitives.

JE DESSINE MA TROUSSE SOS CONFIANCE EN SOI

Parfois, la confiance en soi ne tient qu'à quelques détails anodins pour les autres mais essentiels pour nous. Fermez les yeux un instant et imaginez ce qui pourrait composer votre trousse d'urgence de sorcière en cas de situation difficile. Amusez-vous à imaginer des choses du quotidien et, pourquoi pas, des objets complètement farfelus comme un paquet de mouchoirs senteur des bois enchantés, une petite fiole avec des paillettes arc-en-ciel, un rouge à lèvres couleur des fées. Puis, lorsque vous êtes prête, ouvrez grands vos yeux et dessinez sur une nouvelle page votre pochette magique et son contenu.

J'ÉCRIS MON JOURNAL DE SORCIÈRE

Quel est le meilleur conseil que j'ai reçu pour surmonter une situation compliquée?

....

Quels sont les 3 moments importants de ma vie où je me suis sentie pleinement en confiance?

....

Quelles sont mes petites astuces pour me sentir en confiance lorsqu'une situation me paraît compliquée?

....

J'IMAGINE MON DRESS CODE DE SORCIÈRE

Amusez-vous à créer votre look de wonder-sorcière ultra-confiante pour toutes les occasions : au bureau, pour un mariage, une soirée, un rendez-vous amoureux ou bien encore simplement pour chiller sur le canapé.

En pratique

- Je m'installe dans un endroit confortable où je ne serai pas dérangée.
- Je pose avec clarté mon intention : « Mon look de sorcière. »
- Je réunis des images et des illustrations qui m'inspirent : magazines, Pinterest, Instagram, etc.
- Je me laisse guider par mon intuition pour assembler tout cela.
- J'ajoute des embellissements selon mes envies : stickers, paillettes, rubans, strass, etc.
- Quand j'ai terminé, je pense à donner un titre à mon tableau et à noter la date.
- Je prends le temps d'observer et d'apprécier le travail réalisé.

Ma cérémonie

Un mandala pour me ressourcer

Vous voilà pleinement présente dans votre espace du vivant, à votre juste place. Vous vous êtes définitivement délestée de ce qui n'a plus lieu d'être pour enfin vous choisir et vous affirmer dans toute votre authenticité. Pour recharger votre jauge de confiance, je vous propose d'expérimenter ce rituel en pleine nature.

DANS LA FORÊT JE VAIS ME RESSOURCER

Profitez d'un bain de forêt, d'une marche dans un parc ou bien encore d'une séance de jardinage pour récolter les trésors naturels de l'été (des fleurs, des feuilles, des bâtons) et réunissez aussi quelques pierres magiques de votre collection personnelle en lien avec la confiance en soi comme le jaspe rouge, la cornaline ou bien encore la citrine.

Dans un endroit où vous ne serez pas dérangée, prenez plaisir à réaliser un mandala végétal à taille humaine. Pour cela, délimitez un cercle au sol suffisamment spacieux pour que vous puissiez ensuite vous y installer en posture assise ou allongée. Composez votre mandala en utilisant des petits cailloux, des feuilles et des fleurs, en plusieurs rangs. Jouez avec les couleurs, les formes et les symétries… Faites-vous confiance et laissez-vous guider par votre magie.

MON RITUEL AVEC LE MANDALA

Puis installez-vous confortablement en son centre et prenez un moment pour vous recentrer et vous connecter aux énergies de la Terre et du Soleil. Demandez-leur de recharger vos batteries de courage, de confiance et d'estime de soi. Puis, prenez plaisir à réciter à voix haute votre kasàlà (p. 132) et à laisser la magie de vos mots résonner dans chacune des cellules de votre corps.

Enfin, posez la main droite sur votre cœur, gardez la main gauche au contact du sol et imaginez qu'une bulle de lumière émerge de votre mandala et vous enveloppe de sa douce chaleur. Sentez comme votre énergie va subtilement être boostée.

Lorsque vous sentirez que la magie a opéré, remerciez la nature de vous avoir accueillie et transmis son énergie. En conscience, fermez votre cercle magique, ramassez vos affaires, vos pierres et laissez votre mandala se disperser au gré du vent chaud de l'été.

Août

SHINE BRIGHT LIKE A DIAMOND

Voici venu le temps des moissons qui s'ouvre avec la célébration de Lughnasadh, au cœur même de l'été. C'est le moment de récolter les céréales plantées à l'automne précédent ainsi que les fruits et les légumes gorgés de soleil, de vitamines et de minéraux pour faire le plein d'énergie et se ressourcer. Bien que les jours raccourcissent discrètement, le soleil continue de nous réchauffer et, avec lui à nos côtés, nous sommes prêtes à honorer l'abondance et la prospérité. Accueillir l'abondance dans tous les aspects de notre vie, c'est apprendre à demander, à remercier, à rayonner et à avancer sereinement et en confiance sur le chemin de la réussite de vos projets.

C'est le moment de célébrer les premières récoltes de l'année et de profiter de la période estivale pour vous détendre et vous amuser tandis que vos projets continuent de se développer sans vous.

Astro vibes

Lion
« Souve-reine » de l'été

Après une plongée en nos terres intérieures avec la saison du Cancer, les énergies du Lion sont maintenant prêtes à embraser notre feu intérieur pour nous réchauffer et nous permettre de rayonner avec force et générosité. Comme le chaud soleil du mois d'août qui nourrit notre magie, déployons notre lumière au service de nos projets de vie.

JE BRILLE DE TOUT MON ÊTRE

Signe de feu, le Lion symbolise le charisme, le courage et la force. Il nous invite à monter sur le trône de notre vie avec humilité et authenticité pour récolter ce pour quoi nous avons tant travaillé. Il est temps de prendre place sous les projecteurs, de briller et d'obtenir la reconnaissance méritée. Bien que majestueux, le Lion nous rappelle qu'il ne s'agit pas de briller pour éclipser les autres, s'imposer ou dominer, mais bien de rayonner pour éclairer la voie enchantée que nous avons choisi d'emprunter.

Intenses, les énergies de la saison du Lion vont vous donner envie de relever la tête, de redresser le buste, de libérer votre crinière et de rugir de plaisir. Ce travail intense que nous avons mené depuis le début de l'année devient chaque jour plus concret et nous pouvons maintenant commencer à profiter de nos premiers succès.

JE SUIS PRÊTE À RECEVOIR CE QUE J'AI DEMANDÉ

Portées par les énergies du Lion, nous allons pleinement incarner la puissance de notre souveraineté. Une puissance qui rime avec abondance et prospérité. Solaire, charismatique, le Lion attire à lui le succès et la réussite, c'est ainsi. Il nous invite alors à ouvrir notre cœur et à nous préparer à recevoir ce que nous avons demandé et cela, dans tous les aspects de notre vie : amour, travail, voyages, etc.

Ambitieux et déterminé, le Lion sait se donner les moyens de réussir. Bien conscient de ses forces comme de ses faiblesses, il est de ceux qui sont pleinement présents au monde, ici et maintenant. Il n'a pas besoin de dire ou de faire. Il est simplement lui-même, à sa place, dans toute sa singularité. Il nous enseigne alors à passer de l'affirmation de soi à la réalisation de soi. Au cœur de l'été, il nous montre qu'il n'y a plus rien d'autre à faire qu'à récolter. Nous l'avons bien mérité !

♌

Mon pain enchanté

Depuis toujours, le blé est le symbole de la fertilité, de l'abondance et de la prospérité. À l'heure, de la célébration de Lughnasadh, période de la première moisson, je partage avec vous ma recette de pain des sorcières. Un pain brioché que vous pourrez, partager avec les personnes qui vous sont chères et à qui vous aimeriez souhaiter abondance et prospérité pour toute l'année.

Matériel

- 500 g de farine de blé
- 1 sachet de levure boulangère
- 80 g de beurre mou
- 30 cl de lait tiède
- 2 c. à c. de sucre
- 1 jaune d'œuf
- Des graines de sésame, de courge, du gros sel, de l'origan ou du romarin à parsemer selon vos envies
- 1 cuillère en bois, 1 saladier, 1 torchon, 1 plaque de cuisson et son papier sulfurisé

Fabrication

Ouvrez votre cercle. Dans votre saladier, mélangez la farine, la levure, le sucre et le beurre. Versez doucement le lait tiède et commencez à mélanger avec une grande cuillère en bois. Lorsque vous obtenez une pâte homogène, utilisez vos mains pour la pétrir une dizaine de minutes. Formez une boule, déposez-la dans le saladier, recouvrez-le d'un torchon et laissez reposer 1 heure. Reprenez votre pâte et divisez-la en 4 parts égales. Reformez des boules, déposez-les sur la plaque de cuisson et recouvrez-la d'un torchon. Laissez tout cela reposer 30 minutes.

Rituel d'activation

Maintenant que vos petits pains briochés sont prêts à passer au four, activez votre magie. Pour cela, placez vos mains au-dessus d'eux et récitez à voix haute :

« Par ce pain, symbole d'abondance et de prospérité
Qu'aujourd'hui soit célébrée la première moisson de l'année ;
Puissé-je ainsi à mon tour récolter les fruits des projets que j'ai à cœur de réaliser. »

Puis, avec la pointe d'un couteau, tracez un pentacle ou un sigil sur le dessus. Badigeonnez le dessus des pâtons de jaune d'œuf. Saupoudrez de gros sel, de graines ou d'herbes à votre convenance. Glissez-les ensuite au four pendant 20 minutes environ à 180 °C. Lorsque vos pains seront prêts, fermez votre cercle et prenez plaisir à les déguster et à les partager.

Semaine 31

DU 1ER AU 7 AOÛT

Ma pensée de la semaine : je m'autorise à prendre des vacances

Après avoir travaillé activement à vos projets depuis le début de l'année, il est temps de prendre une pause bien méritée pour profiter pleinement de l'été. C'est le moment de célébrer vos premières réussites et de nommer ce qu'il reste à entreprendre. Soyez fière du chemin parcouru, vous pouvez maintenant prendre plaisir à vous reposer pour mieux recharger vos batteries et rayonner de toute votre beauté.

LUNDI 1er

MARDI 2

MERCREDI 3

JEUDI 4

MAGIE DU QUOTIDIEN

Je déconnecte du boulot

Les vacances d'été sont l'occasion de changer de rythme. Il est temps de vous déconnecter pour mieux profiter. Pour cela, rien de mieux que d'organiser votre départ en congés : rangez soigneusement vos dossiers, préparez des transmissions de qualité, rédigez votre message d'absence, supprimez les applications professionnelles de votre téléphone et préparez votre to do list de la rentrée. Vous voilà prête à partir le cœur léger.

Notes

WITCHY TIPS

Le cheval, mon animal totem de l'été

Associé à la fougue et à la passion, il va vous aider à vous reconnecter à vos envies sauvages de liberté. Pour vos vacances, privilégiez les grands espaces pour randonner, découvrez de nouvelles contrées, prenez le temps de méditer pour vous réconcilier avec vos aptitudes instinctives, intuitives, créatives. Permettez au cheval de cheminer à vos côtés pour prendre conscience du chemin parcouru, vous accorder un temps de repos nécessaire et reprendre les rênes de votre vie pour repartir de plus belle à la reconquête de votre magie.

VENDREDI 5 D

SAMEDI 6

DIMANCHE 7

To do list

L	M	M	J	V	S	D
1	2	3	4	5	6	7
8	9	10	11	12	13	14
15	16	17	18	19	20	21
22	23	24	25	26	27	28
29	30	31	1	2	3	4

DIVIN'ACTION

Vous avez tiré : le Chariot

Cet arcane symbolise la vitalité, le mouvement et le voyage. Vous pouvez poursuivre votre chemin en paix : tout est en place pour avancer en sécurité. Cette carte vous rappelle cependant qu'il est nécessaire de ménager votre monture si vous souhaitez arriver à destination dans les meilleures conditions. Ralentir, s'arrêter, se ressourcer, sont nécessaires pour mieux repartir et surmonter tous les obstacles à venir. Vous avancez dans la bonne direction, autorisez-vous un peu d'évasion.

TRACKERS

Gratitude ○○○○○○○○○○

Sport ○○○○○○○○○○

Créativité ○○○○○○○○○○

Semaine 32

DU 8 AU 14 AOÛT

Ma pensée de la semaine : j'ai confiance, l'Univers pourvoit toujours à mes besoins

Bien plus que de l'argent ou des ressources matérielles, l'abondance est avant tout un état d'esprit. Il s'agit de prendre conscience que nous disposons déjà de tout ce dont nous avons besoin pour mener la vie que nous désirons. Et que ce dont nous pourrions manquer, il suffit de le demander. Vous autoriser à demander, à recevoir, à profiter, à partager et à remercier, c'est cela intégrer le flow de l'abondance dans votre vie.

LUNDI **8**

MARDI **9**

MERCREDI **10**

JEUDI **11**

MAGIE DU QUOTIDIEN

Je dis OUI à la vie !

Insuffler une dynamique d'abondance dans votre quotidien, c'est trouver en vous le courage de dépasser la peur du manque qui vous fait souvent dire « non » et rester bien au chaud dans votre zone de confort. Alors cet été, dites « oui ! » à toutes les rencontres, les activités, les soirées, les opportunités… Oui, à ce maillot de bain que vous n'avez pas encore osé porter. Autorisez-vous à dire « oui » à tout ce qui vous fait rayonner !

Notes

WITCHY TIPS

La magie du Feng Shui

Cet art de vivre millénaire d'origine chinoise s'intéresse à la circulation des énergies dans nos lieux de vie pour favoriser notre mieux-être au quotidien. En appliquant les principes de base du Feng Shui, vous allez attirer l'abondance dans votre vie. Pour cela, faites de la place! Libérez une étagère, triez vos bibelots, donnez ce que vous avez en surplus, ce que vous n'utilisez pas ou plus. Votre espace ainsi libéré, vous allez pouvoir accueillir de nouvelles opportunités.

To do list

VENDREDI **12** ○ SAMEDI **13** DIMANCHE **14**

L	M	M	J	V	S	D
1	2	3	4	5	6	7
8	9	10	11	12	13	14
15	16	17	18	19	20	21
22	23	24	25	26	27	28
29	30	31	1	2	3	4

DIVIN'ACTION

Le tirage de l'abondance

Concentrez-vous sur ce dont vous avez besoin en ce moment, ce qu'il serait bon d'attirer à vous, sur l'abondance que vous avez envie de créer dans votre vie. Mélangez vos cartes, sentez votre magie s'activer et coupez votre paquet avant de le rassembler. La carte du dessus que vous allez tirer désignera la meilleure façon pour vous d'accueillir l'abondance et celle du dessous, ce qu'il va falloir laisser aller pour lui laisser toute la place de se manifester.

TRACKERS

Gratitude ○○○○○○○○○

Sport ○○○○○○○○○

Créativité ○○○○○○○○○

Semaine 33

DU 15 AU 21 AOÛT

Ma pensée de la semaine : j'ai le pouvoir de créer ma propre richesse

Si l'abondance désigne une ressource disponible en grande quantité, la prospérité parle plutôt de sa croissance, de son développement dans le temps. Les associer, c'est mettre ce flow magique au service de nos projets. À ce titre, concernant la prospérité financière : nous avons tout intérêt à organiser notre modèle économique pour nous assurer de revenus réguliers qui se développent dans la durée. Là est la magie que toute sorcière prospère devrait appliquer.

LUNDI 15
Assomption

MARDI 16

MERCREDI 17

JEUDI 18

MAGIE DU QUOTIDIEN

Je travaille à mon indépendance financière

Le 13 juillet 1965 a été votée la loi permettant aux femmes d'ouvrir un compte bancaire en leur nom propre et à travailler sans le consentement de leur mari. Réfléchissez à la meilleure façon pour vous d'évoluer professionnellement, de gagner un salaire à la hauteur de vos compétences et de vos talents et de briser le plafond de verre. Souvenez-vous, vous avez le droit de gagner de l'argent en grande quantité grâce à un travail qui vous plaît et de briller !

Notes

WITCHY TIPS

Du blé pour votre prospérité

En cette période, les sorcières aiment fabriquer des objets enchantés avec cette céréale sacrée pour apporter la richesse dans leur foyer. Partez dans les champs pour prélever quelques épis, formez un bouquet que vous attacherez avec un ruban argenté et suspendrez dans l'entrée de votre logement. Vous pouvez aussi égrener vos épis pour faire sécher les graines que vous glisserez dans un sachet magique à déposer sur votre lieu de travail.

To do list

VENDREDI **19** ☾ SAMEDI **20** DIMANCHE **21**

L	M	M	J	V	S	D
1	2	3	4	5	6	7
8	9	10	11	12	13	14
15	16	17	18	19	20	21
22	23	24	25	26	27	28
29	30	31	1	2	3	4

DIVIN'ACTION

Tirage : ma relation à l'argent

Pour explorer votre relation à l'argent, battez les cartes et étalez-les devant vous. Pour ce tirage en croix, désignez une première carte : « Ma relation actuelle à l'argent » (gauche), une deuxième : « La croyance limitante qu'il est temps d'abandonner » (droite), une troisième : « La première action à mener » (haut), une quatrième : « Ce qui pourrait m'y aider » (bas) et enfin : « Le conseil qu'il serait bon d'appliquer » (au centre).

TRACKERS

Gratitude ○○○○○○○○○

Sport ○○○○○○○○○

Créativité ○○○○○○○○○

Semaine 34

DU 22 AU 28 AOÛT

Ma pensée de la semaine : je suis riche de mes projets

Si en début d'année, vous avez appris à rêver et à demander à l'Univers de vous aider, au cœur de l'été vous pouvez lui demander de soutenir le développement de vos projets. En utilisant à nouveau la loi de l'attraction, concentrez-vous sur ce dont vous avez besoin pour continuer à rayonner. L'idée est alors d'émettre de belles ondes positives pour en attirer tout autant. Un cercle vertueux où poser une intention va de pair avec le passage à l'action.

LUNDI 22

MARDI 23

MERCREDI 24

JEUDI 25

MAGIE DU QUOTIDIEN

Mon porte-monnaie enchanté

Les objets de notre quotidien portent aussi en eux un peu de notre magie – notre portefeuille et notre sac à main, notamment lorsqu'il s'agit d'abondance et de prospérité. Prenez un moment pour les vider. Puis, réalisez quelques fumigations pour les nettoyer énergétiquement. Sur un petit morceau de papier un peu épais, écrivez « J'attire à moi l'abondance et la prospérité, que ce portefeuille soit toujours bien garni et ma vie bien remplie », glissez-le dans votre porte-monnaie et laissez faire la magie.

Notes

WITCHY TIPS

La citrine au service de mes projets

Issue de la famille des quartz, cette pierre de l'abondance et de la prospérité est jaune doré, comme la lumière du soleil. Vous pouvez la glisser dans votre sac à main, la déposer sur votre autel de l'été, la porter en collier au niveau de votre plexus solaire ou bien encore méditer avec elle. Elle vous aide à trouver la meilleure façon pour vous d'attirer la richesse et le succès, de rayonner et de briller sans jamais culpabiliser.

To do list

VENDREDI 26

SAMEDI 27 ●

DIMANCHE 28

L	M	M	J	V	S	D
1	2	3	4	5	6	7
8	9	10	11	12	13	14
15	16	17	18	19	20	21
22	23	24	25	26	27	28
29	30	31	1	2	3	4

DIVIN'ACTION

Vous avez tiré : l'Étoile

Une fois la nuit tombée, levez les yeux vers le ciel et regardez… les étoiles continuent de briller. Comme elles, vous êtes invitée à vous révéler, à rayonner même lorsque le soleil est caché. Cet arcane vous indique la voie pour poursuivre votre chemin, l'Étoile vous éclaire de sa douce lumière et vous mène, à sa façon, vers la réalisation de vos projets. Ayez confiance en la vie, vous êtes accompagnée même dans l'obscurité.

TRACKERS

Gratitude ○○○○○○○○○○

Sport ○○○○○○○○○○

Créativité ○○○○○○○○○○

Semaine 35

DU 29 AOÛT AU 4 SEPTEMBRE

Ma pensée de la semaine : je suis reconnaissante pour tout ce que j'ai

Demander, recevoir et remercier, voilà comment s'exprime pleinement la magie de l'abondance et de la prospérité. Au quotidien, pratiquer la gratitude, c'est reconnaître les dons que nous avons reçus et en profiter avec respect. C'est aussi l'occasion d'encourager l'Univers à continuer ses bienfaits et de développer notre capacité à recevoir chaque jour ses cadeaux avec de moins en moins de résistance. C'est ouvrir grand notre cœur pour rayonner avec bonté.

LUNDI **29**

MARDI **30**

MERCREDI **31**

JEUDI **1er**

MAGIE DU QUOTIDIEN

Chère vie, merci !

Redécouvrez la valeur de ce mot et apprenez à le prononcer au quotidien, avec sens et en conscience. Remerciez cette amie pour le compliment qu'elle vous a adressé, cette personne qui dans le métro vous a fait de la place pour entrer, votre collègue qui vous a rendu service, l'Univers pour cette belle journée que vous venez de vivre. Prenez conscience du pouvoir incroyable de ce mot enchanté.

Notes

WITCHY TIPS

Le pouvoir sacré des offrandes

Les sorcières savent combien il est important de remercier la nature pour tous ses bienfaits qui, chaque jour, participent à leur magie. En signe de gratitude, elles ont à cœur certaines règles d'or : ne jamais prélever plus qu'il ne faut d'un arbre, d'une plante ou d'une fleur, déposer des offrandes (lait, miel), allumer des bougies pour remercier leurs allié·e·s, prier, frapper le tambour, chanter et danser en signe de respect. Elles participent ainsi au flow d'abondance de la nature.

VENDREDI 2

SAMEDI 3 D

DIMANCHE 4

To do list

L	M	M	J	V	S	D
1	2	3	4	5	6	7
8	9	10	11	12	13	14
15	16	17	18	19	20	21
22	23	24	25	26	27	28
29	30	31	1	2	3	4

DIVIN'ACTION

La magie des signes

Une carte de tarot qui saute du paquet, une plume délicatement posée devant votre entrée, une coccinelle qui se pose sur le bout de notre nez… lorsqu'il s'agit de vous guider pour rayonner, l'Univers trouve toujours un moyen de communiquer. Notez dans votre grimoire les signes reçus, les synchronicités, et ayez toujours à cœur de remercier l'Univers pour ses interventions.

TRACKERS

Gratitude ○○○○○○○○○○

Sport ○○○○○○○○○○

Créativité ○○○○○○○○○○

Ma roue des lunes d'août

Chaque jour, complétez votre roue des lunes pour mieux appréhender votre flow de magie au regard de votre cycle menstruel et du cycle lunaire. Soyez attentive à vos ressentis psychiques, physiques et émotionnels.

lunes

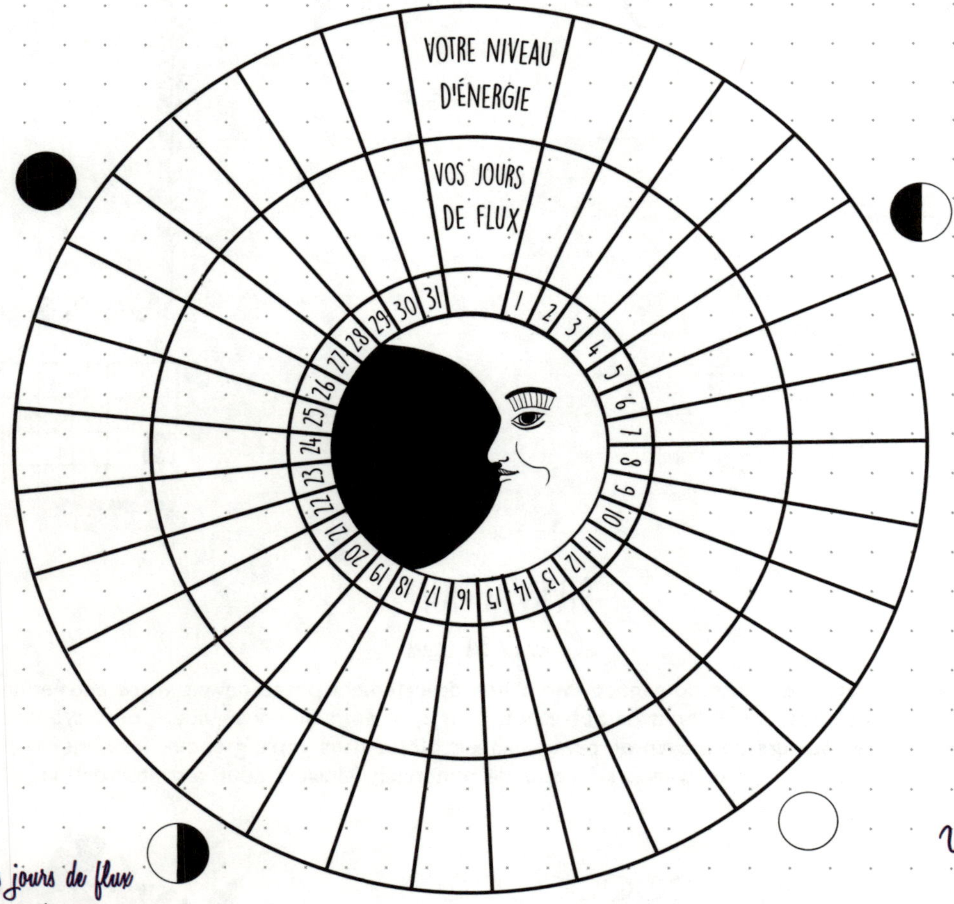

Vos jours de flux

- Faible
- Modéré
- Intense

Votre niveau d'énergie

- Mon programme ? Faire la sieste tout l'été
- Prête à flâner au marché
- Let's do it! I'm on fiiiiire!

Mon grimoire d'août

Pour enrichir votre grimoire et garder une trace de votre exploration à la rencontre de votre magie personnelle, je vous propose de réaliser 3 activités ludiques, créatives et intuitives.

MON TABLEAU DE PROSPÉRITÉ

Pour accompagner votre croissance vers le succès, réalisez un collage dédié aux résultats espérés de votre grand projet.

En pratique :

- Je m'installe dans un endroit confortable où je ne serai pas dérangée.
- Je pose avec clarté mon intention : « Abondance et prospérité pour soutenir mon grand projet. »
- Sur une nouvelle double page de mon grimoire, je trace une ligne du temps.
- Je réunis des images et des illustrations qui symbolisent les résultats que je souhaite obtenir au fur et à mesure que j'avance dans la réalisation de ce projet et je les colle à chaque étape clé de mon parcours.
- J'ajoute des embellissements selon mes envies : stickers, paillettes, rubans, strass, etc.
- Quand j'ai terminé, je pense à donner un titre à mon tableau et à noter la date.
- Je prends le temps d'observer et d'apprécier le travail réalisé.

JE DESSINE MON CHÈQUE D'ABONDANCE

Au temps de la nouvelle lune, période propice pour définir vos intentions, je vous invite à rédiger un chèque d'abondance. Ouvrez une nouvelle page de votre grimoire, inscrivez la date du jour et votre intention, c'est-à-dire ce que vous voulez obtenir à la fin de ce cycle lunaire. Ensuite, représentez les contours de votre chèque. Puis, dans la zone du montant, dessinez ce que vous souhaitez obtenir et inscrivez-le en toutes lettres dans la partie attitrée. Pour la date, notez l'échéance de votre choix et faites de même pour le lieu. Pensez à inscrire votre prénom en tant que bénéficiaire et bien sûr à signer. Répétez cette opération à chaque nouvelle lune!

J'ÉCRIS MON JOURNAL DE SORCIÈRE

Quelle est ma définition de la réussite, du succès?

....

De quoi suis-je riche aujourd'hui? De savoirs, d'amis, d'argent, de créativité?

....

Si je gagnais au Loto, quelle est la première chose que j'achèterais rien que pour moi?

....

Ma cérémonie 1er août

Lughnasadh

Sabbat majeur de la roue de l'année des sorcières, Lughnasadh ouvre le bal du cycle des moissons. Sous le soleil du mois d'août, les céréales sont récoltées après avoir été semées à l'automne, pris racine durant l'hiver et poussé au printemps. Cette fête gaélique signifie «Assemblée de Lugh», dieu de la lumière, du savoir et des arts. Au Moyen Âge, cette fête païenne a été reprise par l'Église catholique et baptisée Lammas, d'un terme anglo-saxon qui signifie «la messe du pain». Il s'agissait alors d'apporter à l'église du pain fait avec le premier blé moissonné, afin que le prêtre le bénisse.

Lughnasadh est une célébration pour remercier la terre de tous ses bienfaits dans la joie et l'amitié. C'est le moment idéal pour reconnaître l'abondance et la prospérité dans notre vie, prendre conscience du travail accompli et dire merci en toute simplicité.

UN PIQUE-NIQUE POUR SE RASSEMBLER ET CÉLÉBRER L'ÉTÉ

À votre tour, réunissez les personnes chères à votre cœur à l'occasion d'un grand pique-nique champêtre. Installez des nappes colorées par terre, sortez les paniers en osier, les décorations enchantées, le pain que vous aurez fabriqué, des salades fraîches et des fruits savoureux à partager.

Profitez de la journée pour organiser des jeux, vous balader, papoter, passer du bon temps avec ceux que vous aimez jusqu'à ce que le soleil soit couché.

Puis, allumez des lampions ou un feu si c'est possible en toute sécurité. Allongez-vous à même le sol et profitez tous ensemble de la nuit étoilée. Chacun à votre tour, dans le respect et la bienveillance, remerciez la vie pour sa générosité. Écoutez-vous, riez, pleurez, partagez.

Lorsqu'il sera temps pour vous de retrouver votre foyer, remerciez une dernière fois ce lieu qui vous a accueillis, vous et vos amis. Laissez quelques offrandes et repartez le cœur léger. Laissez la magie de cette journée se diffuser; vous n'aurez qu'à y repenser pour en réactiver les bienfaits.

Septembre

COUP DE BALAI SUR LA RENTRÉE

Nous voilà maintenant aux portes de l'automne, prête à célébrer Mabon et l'équinoxe. Un passage où le jour est égal à la nuit, un temps d'équilibre au cœur d'une année dédiée à révéler votre magie au service de vos projets de vie.

Dehors, les énergies de l'automne prennent place, la fraîcheur s'installe, les feuilles brunissent, le vent se lève, les manteaux sortent des penderies. Doucement, nous sentons que la saison estivale s'éloigne, alors profitons encore un peu de l'été indien et préparons-nous à redécouvrir la poésie et les saveurs de l'automne.

Le mois de septembre nous invite à clore un nouveau cycle et à nous préparer à terminer l'année en beauté. C'est alors le moment de la deuxième récolte, nous sommes encouragée à ralentir, à faire un pas de côté, à nous organiser pour poursuivre ce que nous avons à cœur de réaliser.

Astro vibes

Vierge
Slow & déterminée

Pour nous accompagner sur le chemin de la rentrée, laissons-nous guider par l'énergie calme et sereine de la Vierge. Avec elle à nos côtés, nous avançons de façon réfléchie, organisée et méthodique pour faire un point d'étape dans la réalisation de nos projets, améliorer ce qui peut l'être et nous donner toutes les chances de réussir pour célébrer sans remords ni regrets nos succès.

L'HEURE DU BILAN A SONNÉ

Après un été sous les feux des projecteurs, la saison de la Vierge nous invite à revenir à plus de simplicité, à ralentir, à faire un pas de côté et à regagner nos terres intérieures. Elle nous propose d'établir un bilan complet de notre situation personnelle, un point d'étape nécessaire pour ajuster les actions entreprises, célébrer nos réussites et nommer ce qu'il reste à entreprendre. La Vierge connaît bien ses forces comme ses faiblesses, elle sait que le temps de l'analyse n'est pas superflu si l'on veut activer au bon moment nos ressources personnelles et avancer en toute sécurité.

Pour prendre soin de nous, elle nous rappelle aussi combien notre routine, nos bonnes habitudes, sont également nos alliées pour nous aider à avancer. Elle nous encourage à trouver du temps pour nous dans nos agendas surbookés et à nous réserver des moments de qualité pour régulièrement nous ressourcer.

JE SUIS DÉTERMINÉE À RÉUSSIR

Signe de terre, la Vierge a le goût du travail bien fait. Elle sait se concentrer et rassembler son énergie pour mener à terme toutes les activités entreprises, même les plus laborieuses. La saison de la Vierge est alors l'occasion de faire appel à votre force intérieure, votre esprit pratique et votre logique pour surmonter les problèmes qui pourraient s'interposer entre vous et la réalisation de vos projets.

L'énergie de la Vierge vous rappelle que l'heure n'est plus au divertissement mais bien au travail pour continuer à récolter les fruits de vos actions. Elle vous invite à terminer les projets en cours, à clôturer des cycles, à mettre un terme à certaines relations ou activités qui ne sauraient vous aider à avancer.

À l'heure de la rentrée, certaines choses doivent être analysées, poursuivies ou arrêtées, organisées, mises en ordre, planifiées pour continuer à avancer sur votre chemin de beauté avec justesse et clarté.

♍

Abraca'DIY

Mon smudge stick enchanté

Il est encore temps de récolter les plantes et les fleurs à faire sécher pour accompagner vos travaux enchantés et fabriquer un bâton de fumigation (p. 20). Profitez encore un peu du soleil et de sa douce chaleur pour aller cueillir les derniers brins de lavande et entretenir vos plantes aromatiques comme le thym ou le romarin.

Matériel

- Des brins de lavande, de romarin, de thym ou bien de la menthe poivrée
- De la ficelle « naturelle » en lin, coton…
- Des ciseaux

Fabrication

Au petit matin, profitez d'un moment paisible pour couper quelques brins dans votre jardin. Installez-vous à votre plan de travail et ouvrez votre cercle. Taillez vos brins pour qu'ils aient à peu près tous la même taille, c'est-à-dire 10 à 12 cm environ. Assemblez-les, de préférence tête-bêche pour un meilleur maintien, avec les brins fragiles au centre. Maintenez le tout bien serré, le temps d'enrouler votre ficelle autour. Commencez par faire un premier nœud en bas de votre bouquet puis remontez la ficelle sur toute la longueur. Après avoir bien « saucissonné » de haut en bas votre bouquet, faites un nouveau nœud pour garder le tout bien serré, car en séchant votre bouquet va perdre de sa densité. Faites sécher vos bâtons de fumigation la tête en bas dans un endroit frais et sec à l'abri de la lumière. Il faut en moyenne 4 à 6 semaines minimum pour que votre bâton soit prêt.

Rituel d'activation

Lorsque votre smudge stick sera prêt, ouvrez à nouveau votre cercle et invoquez sa magie pour accompagner votre grand ménage de rentrée. Ouvrez grandes les fenêtres, allumez-le, faites le tour de votre maison et laissez sa fumée nettoyer l'énergie de chacune des pièces de votre habitation, en particulier votre bureau, où vous aurez préalablement étalé tous vos outils de travail comme votre agenda, votre téléphone, votre trousse, etc. Revenez ensuite près de votre autel, déposez-le à plat dans une coupelle et, tandis que sa fumée magique continue d'œuvrer, prononcez à voix haute :

« Puisse cette fumée me libérer de tout ce qui entrave mes projets
Qu'en se dissipant sa magie m'aide à voir avec clarté
Tout ce qu'il me reste encore à réaliser. »

Fermez votre cercle. Reprenez sereinement la réalisation de vos projets.

Semaine 36

DU 5 AU 11 SEPTEMBRE

Ma pensée de la semaine : je range à l'extérieur pour prendre soin de mon intérieur

Il est temps de se préparer aux changements de rythme et de saison. Avant de vous élancer sur le chemin de la reprise scolaire ou professionnelle, rien de mieux que de ranger, trier et nettoyer votre maison pour vous préparer joyeusement à faire votre rentrée. Un nettoyage dans nos intérieurs tout en douceur, aussi bien de notre habitation que de notre intériorité.

LUNDI 5

MARDI 6

MERCREDI 7

JEUDI 8

MAGIE DU QUOTIDIEN

La magie du rangement

Bien plus qu'une énième corvée de ménage, ce peut être un vrai rituel. Organisez-vous et avancez étape par étape. Réfléchissez à la meilleure manière d'agir sans vous épuiser ! Triez et rangez soigneusement vos affaires d'été, prenez plaisir à libérer de l'espace pour accueillir celles de l'automne. Ordonner votre maison au rythme des saisons va permettre de mettre de l'ordre dans votre tête, votre corps et votre cœur.

Notes

WITCHY TIPS

Mon placard de sorcière

Les boîtes, bocaux, ustensiles de cuisine et autres accessoires des sorcières n'échappent pas au rangement. Alors, attrapez votre plus beau balai et mettez de l'ordre dans vos ingrédients magiques. Prenez soin tout particulièrement de conditionner vos herbes, vos fleurs et vos plantes une fois séchées. Privilégiez des bocaux en verre fumé et conservez-les à l'abri de la lumière, de la chaleur et de l'humidité pour conserver la magie de leurs propriétés. Pensez à tout étiqueter et à tenir dans votre grimoire un registre de votre placard enchanté.

To do list

VENDREDI **9**

SAMEDI **10** ○

DIMANCHE **11**

L	M	M	J	V	S	D
28	29	30	1	2	3	4
5	6	7	8	9	10	11
12	13	14	15	16	17	18
19	20	21	22	23	24	25
26	27	28	29	30	1	2

DIVIN'ACTION

Retrouvez les objets perdus dans votre maison

Sortez une grande feuille de papier et dessinez le plan de votre habitation. Demandez à votre pendule de vous aider à résoudre le mystère. Concentrez-vous sur l'objet, sa taille, sa forme, sa couleur, le bruit qu'il fait, son odeur ou encore sa texture et déplacez votre pendule au-dessus de chaque pièce. Lorsque vous le sentez s'agiter, placez une croix sur votre dessin et explorez la zone concernée. L'avez-vous retrouvé ?

TRACKERS

Gratitude ○○○○○○○○○

Sport ○○○○○○○○○

Créativité ○○○○○○○○○

Semaine 37

DU 12 AU 18 SEPTEMBRE

Ma pensée de la semaine : chaque jour, je fais de mon mieux

Pour vous aider à reprendre sereinement vos activités là où vous les aviez laissées avant les vacances d'été, prenez le temps de vous organiser. Sortez votre agenda, évaluez votre avancée dans vos projets, ajustez les délais, œuvrez à ce qui est urgent et planifiez ce qui est important. Prenez conscience de l'importance de vous rassembler pour ne plus vous éparpiller au risque de vous épuiser. Il existe mille et une façons de s'organiser, testez-les.

LUNDI **12**

MARDI **13**

MERCREDI **14**

JEUDI **15**

MAGIE DU QUOTIDIEN

L'art de la to do list

Voici quelques petites astuces pour optimiser vos listes : réunissez-les toutes dans un même carnet, donnez-leur un titre, fixez-vous seulement 3 tâches à réaliser par jour, amusez-vous à rayer ligne après ligne et célébrez chacune de vos victoires à la fin de la journée. Chaque matin, avant de commencer votre journée, prenez plaisir à mettre tout à plat l'espace d'un instant pour gagner en efficacité.

Notes

WITCHY TIPS

La fluorite pour me concentrer

Tandis que vous préparez votre planning et vos listes pour une rentrée sous le signe de la sérénité, installez sur votre autel une fluorite. Cette pierre, qui se présente le plus souvent sous la forme d'une pointe et qui se distingue par une grande variété de colorations possibles, est bien connue pour ses bienfaits liés au calme et à la concentration. On dit aussi qu'elle facilite la clarté intellectuelle, la structuration de l'esprit et l'organisation.

VENDREDI **16**

SAMEDI **17** ☾

DIMANCHE **18**

To do list

L	M	M	J	V	S	D
28	29	30	1	2	3	4
5	6	7	8	9	10	11
12	13	14	15	16	17	18
19	20	21	22	23	24	25
26	27	28	29	30	1	2

DIVIN'ACTION

Vous avez tiré : la Justice

Symbole d'équilibre et d'harmonie, la Justice vous accompagne dans l'organisation de votre rentrée avec justesse et clarté. Elle vous invite à mettre de côté ce qu'il est bon d'abandonner et à vous concentrer sur ce qu'il vous reste à réaliser. Cet arcane veille à ce que vous mettiez de l'ordre dans votre vie. Avec méthode, rigueur et authenticité, la Justice vous demande de vous recentrer pour agir avec efficacité sans vous épuiser.

TRACKERS

Gratitude ○○○○○○○○○

Sport ○○○○○○○○○

Créativité ○○○○○○○○○

Semaine 38

DU 19 AU 25 SEPTEMBRE

Ma pensée de la semaine : je choisis de me concentrer sur moi et mes projets

Au travail comme dans votre vie privée, ayez à cœur d'achever ce qui a été depuis trop longtemps commencé : ce dossier professionnel que vous avez mis discrètement de côté, ce livre qui attend désespérément sur votre table de chevet, cette relation qu'il vaut mieux terminer, cette aquarelle qui n'attend plus que d'être encadrée. Il est bon de clôturer des cycles pour se libérer et continuer à avancer avec plus de légèreté.

LUNDI **19**

MARDI **20**

MERCREDI **21**

JEUDI **22**

MAGIE DU QUOTIDIEN

L'histoire d'une tomate enchantée

Pour lutter contre la procrastination et passer à l'action, rien de mieux que d'essayer la méthode pomodoro (du nom d'un minuteur en forme de tomate), inventée par Francesco Cirillo. Choisissez une activité à réaliser et découpez-la en 4 tâches d'environ 25 minutes. Il ne vous reste plus qu'à lancer le minuteur et à vous octroyer une pause de 5 minutes entre chacune d'elles. Vous voilà prête à vous débarrasser de cette activité qui pèse sur votre charge mentale tel un boulet.

Notes

WITCHY TIPS

L'antidote à la procrastination

En pleine crise de procrastination, les sorcières savent qu'il ne sert à rien de forcer pour passer à l'action. Elles ont appris à s'arrêter un instant, à questionner ce qui se joue en elles et à s'autoriser à ne rien faire. Trouvez un coin agréable pour vous reposer, fermez les yeux et écoutez les battements calmes et réguliers de votre cœur. Demandez-lui ce dont il a besoin pour vous aider à vous remettre en mouvement : un câlin, un carré de chocolat, courir dans les bois. Acceptez qu'il n'y ait rien d'autre à faire qu'à accueillir votre vulnérabilité.

To do list

VENDREDI 23

SAMEDI 24

DIMANCHE 25 ●

L	M	M	J	V	S	D
28	29	30	1	2	3	4
5	6	7	8	9	10	11
12	13	14	15	16	17	18
19	20	21	22	23	24	25
26	27	28	29	30	1	2

DIVIN'ACTION

Mon tirage de la rentrée

Concentrez-vous sur votre situation actuelle, ce projet sur lequel vous travaillez, les résultats que vous souhaitez récolter et toutes ces petites choses qui pourraient vous court-circuiter. Mélangez vos cartes, étalez-les devant vous et tirez-en 3 : la première pour définir ce sur quoi il est bon de vous concentrer, la deuxième pour la ressource personnelle qu'il va falloir activer et la troisième pour découvrir quel piège il vous faudra déjouer.

TRACKERS

Gratitude ○○○○○○○○○○

Sport ○○○○○○○○○○

Créativité ○○○○○○○○○○

Semaine 39

DU 26 SEPTEMBRE AU 2 OCTOBRE

Ma pensée de la semaine : je cherche à instaurer l'harmonie et l'équilibre dans ma vie

Maintenant que l'équinoxe est passé, le soleil va désormais décliner, les arbres se parer de leur couleur orangée et nous allons entamer nous aussi notre lente descente vers nos terres intérieures. C'est le moment idéal pour affiner votre organisation en jonglant avec agilité entre vos différentes activités. À la recherche du juste équilibre, l'objectif est de mettre toutes les chances de votre côté pour savourer l'automne sans vous épuiser.

LUNDI **26**

MARDI **27**

MERCREDI **28**

JEUDI **29**

MAGIE DU QUOTIDIEN

Mon job au service de mes projets de vie

Saviez-vous que l'on passe 42 ans de notre vie environ à travailler ? Qu'il s'agisse d'un coaching ou d'un bilan de compétences, il est important de questionner votre dynamique personnelle pour vous assurer que votre job nourrit aussi bien votre compte en banque que votre cœur et votre esprit. Une seule question à se poser : êtes-vous heureuse au travail ? Si oui, continuez ainsi et sinon, c'est le moment de vous faire accompagner par un·e professionnel·le spécialisé·e !

Notes

WITCHY TIPS

L'écureuil, mon allié de la rentrée

Invitez la magie de l'écureuil dans votre quotidien pour vous organiser avec agilité et trouver le juste équilibre. Social et joueur, il n'oublie pas pour autant de s'activer et de faire ses réserves en prévision de l'hiver. Rapide et léger, l'écureuil s'amuse à bondir d'arbre en arbre, à faire ses provisions et à rentrer au creux d'un arbre se reposer et plus tard hiberner. Comme lui, apprenez à alterner les temps de travail et de repos pour régulièrement vous ressourcer.

To do list

VENDREDI 30

SAMEDI 1er

DIMANCHE 2

L	M	M	J	V	S	D
28	29	30	1	2	3	4
5	6	7	8	9	10	11
12	13	14	15	16	17	18
19	20	21	22	23	24	25
26	27	28	29	30	1	2

DIVIN'ACTION

Vous avez tiré : la Lune

Tandis que vous organisez, planifiez, ajustez les activités de votre quotidien à la recherche du subtil équilibre entre vie professionnelle et vie privée, prenez garde à ne pas vous épuiser. La lune vous demande de prendre un instant pour respirer, pour observer, pour contempler ce qui se joue de votre côté. Symbole du changement, cette lame vous invite à vous questionner, à lever le voile sur ce qui est caché, à révéler les secrets qui pourraient entraver la réussite de vos projets.

TRACKERS

Gratitude ○○○○○○○○○○

Sport ○○○○○○○○○○

Créativité ○○○○○○○○○○

Ma roue des lunes de septembre

Chaque jour, complétez votre roue des lunes pour mieux appréhender votre flow de magie au regard de votre cycle menstruel et du cycle lunaire. Soyez attentive à vos ressentis psychiques, physiques et émotionnels.

lunes

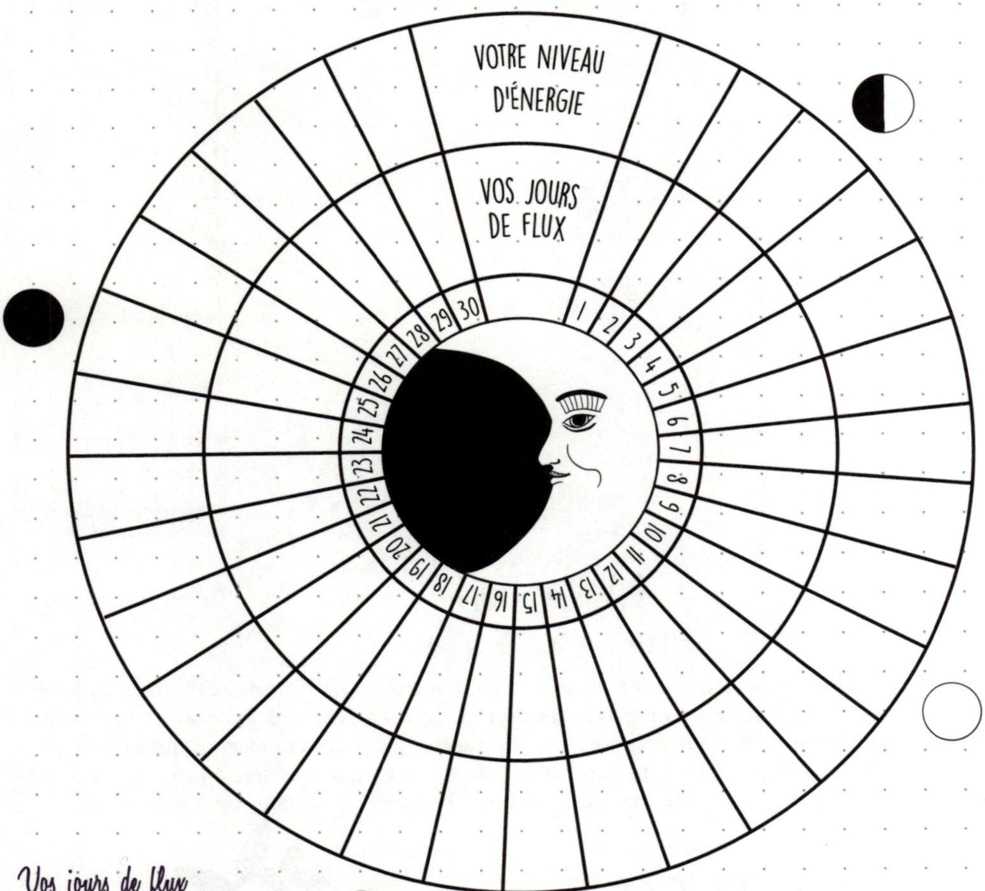

Vos jours de flux

- Faible
- Modéré
- Intense

Votre nivea[…] d'énerg[…]

- Débordée? Quelqu'un a dit débordée?
- Calme et sereine, j'œuvre à mes projets
- Ranger, trier, classer, archiver… et répéter!

Mon grimoire de septembre

Pour enrichir votre grimoire et garder une trace de votre exploration à la rencontre de votre magie personnelle, je vous propose de réaliser 3 activités ludiques, créatives et intuitives.

JE DESSINE MA ROUE DE L'ANNÉE

Une sorcière bien organisée a toujours dans son grimoire une roue de l'année qu'elle aura eu plaisir à dessiner. Sur une nouvelle page, tracez un grand cercle que vous diviserez en 8 parts égales, un rayon pour chacun des sabbats. Notez leur nom, les dates et, pour chacun d'eux, dessinez les symboles clés. Vous pourrez par exemple représenter la célébration de Mabon par des pommes dans un panier, une grappe de raisin pour les vendanges, une tarte aux pommes, etc. Faites de même pour chaque célébration en vous aidant de votre agenda préféré.

J'ÉCRIS MON JOURNAL DE SORCIÈRE

Quel est ce projet, cette activité, cette relation, qu'il est temps pour moi de clôturer?

....

Quelles sont les 100 choses que j'ai envie de réaliser cet automne?

....

Est-ce que je suis heureuse dans mon travail? Qu'est-ce que j'aimerais améliorer?

....

MON COLLAGE RESSOURCE « ANTI-PROCRASTINATION »

Parfois, quand on procrastine, il peut être bon de se connecter à un collage ressource pour se rebooster. Commencez par identifier des choses qui vous donnent envie de vous activer, de bouger et de passer à l'action!

En pratique

- Je m'installe dans un endroit confortable où je ne serai pas dérangée.
- Je pose avec clarté mon intention pour l'année : « Bye bye la procrastination. »
- Je réunis des images et des illustrations qui me donnent la pêche et l'envie de m'activer.
- Je me laisse guider par mon intuition pour assembler tout cela.
- J'ajoute des embellissements selon mes envies : stickers, paillettes, rubans, strass, etc.
- Quand j'ai terminé, je pense à donner un titre à mon tableau et à noter la date.
- Je prends le temps d'observer et d'apprécier le travail réalisé.

Ma cérémonie 20-21 septembre

Mabon

À l'heure de l'équinoxe d'automne, nous célébrons Mabon, sabbat mineur de la roue de l'année des sorcières. C'est le temps de la deuxième moisson de l'année où sont récoltés plus particulièrement les fruits et les baies. Après le tumulte de l'été et les premiers champs moissonnés, nous sommes invitées à poursuivre le travail entrepris et à nous concentrer sur ce qu'il reste à réaliser.

UN TEMPS POUR SE RECENTRER

Au jour de l'équinoxe, entre ombre et lumière, l'équilibre est fragile. La lumière va ensuite décliner et les journées raccourcir jusqu'au solstice d'hiver. La célébration de Mabon marque la transition entre l'effervescence estivale et le repos hivernal. Cette période nous invite alors à nous recentrer et à questionner notre dynamique personnelle. Qu'avons-nous réalisé jusqu'ici ? Sommes-nous fière des résultats obtenus ? Quelles leçons tirer de ce qui a moins bien fonctionné ? Que pouvons-nous améliorer ?

Je vous invite à réaliser ce rituel pour vous reconnecter à votre essentiel et rassembler votre magie personnelle.

Partez marcher en forêt et trouvez un endroit un peu à l'écart pour vous installer. Commencez par dresser votre autel avec des feuilles, des glands, des marrons que vous aurez ramassés en chemin puis prenez un temps pour vous recentrer et ouvrir votre cercle magique. Méditez quelques instants sur les derniers mois écoulés. Sortez de votre sac une pomme et votre athamé. Coupez la pomme en deux puis tracez dans chacune des moitiés ainsi obtenues un pentacle, symbole de l'harmonie et du juste équilibre.

Récitez à voix haute en tenant dans chacune de vos mains une moitié de pomme :

« Je remercie la vie, la nature et la magie pour leurs bienfaits
Je suis heureuse de récolter les fruits de mes efforts passés
Et tout autant de les partager avec ce qui œuvre subtilement à mes côtés. »

Puis croquez dans l'une des moitiés et savourez votre pomme. Déposez l'autre moitié près de votre autel, fermez en conscience votre cercle et poursuivez votre balade en forêt.

octobre

LET'S CELEBRATE

Vous voilà prête à vivre votre magie au rythme de l'automne et à célébrer Samhain, jour de l'an des sorcières. C'est la troisième et dernière période des moissons qui marque la fin d'un cycle et le début d'une nouvelle année magique. Dehors, les arbres ont revêtu leur manteau pourpre et orangé, le soleil décline progressivement, la température baisse et les vêtements chauds remplissent nos armoires en plus de nos bottes et de nos parapluies. Il est maintenant temps de récolter ce qui peut encore l'être, en particulier les derniers légumes du soleil, les courges, et de réaliser les conserves pour tenir tout l'hiver.

Cette période nous invite à nouveau à nous rassembler pour célébrer les accomplissements de l'année. Des occasions pour se réjouir, remercier, partager et prendre conscience de notre transformation. Une transformation à laquelle nous avons travaillé depuis le mois de janvier et que nous avons subtilement intégrée. À l'aube de la période sombre, décorez votre maison, déguisez-vous, amusez-vous, festoyez avec votre communauté avant de regagner vos terres intérieures et de vous préparer, comme la nature, à une hibernation bien méritée.

Astro vibes

Balance

Ma juste équation

En ce nouveau temps de passage marqué par la fin de la période claire et le début de la période sombre, les énergies de la Balance nous accompagnent dans la prise de conscience de notre transformation pour nous aider à intégrer avec justesse et clarté les enseignements reçus tout au long de notre chemin de beauté.

MON ÉQUILIBRE INTÉRIEUR

Tandis que nous travaillons à nos projets de vie en apprenant à activer, à booster et à révéler notre magie, la saison de la Balance nous invite à regarder avec amour, bienveillance et sans jugement le chemin que nous avons déjà parcouru, ce qu'il est bon pour nous de célébrer et ce qu'il reste à réaliser.

Signe d'air, la Balance souffle sur nous harmonie et douceur pour nous aider à intégrer les apprentissages de cette année, un chemin de transformation qu'elle sait impliquant et confrontant. Telle une funambule, nous sommes soutenue par son énergie qui nous amène à trouver en nous les ressources nécessaires pour traverser cette période inconfortable du changement en trouvant avec agilité notre juste alignement.

LE TEMPS DU BILAN

Aux portes de l'automne, la saison de la Balance nous invite à faire un nouveau point d'étape et à questionner nos relations. Il s'agit là de notre relation aux autres et aussi à notre travail, à l'argent, à notre corps, notre sexualité, nos émotions, bref à tous les aspects de notre vie. Avec elle, il n'est pas question de dire si c'est bien ou mal, bon ou mauvais, à garder ou à jeter, tout est une question d'équilibre à la recherche de la juste équation qui nous aide à passer à l'action.

Pour explorer toutes ces possibilités, il nous est demandé de nous reconnecter à notre sensorialité afin de percevoir avec subtilité la beauté de tout ce que nous sommes en train de traverser.

Nous avons demandé, semé, reçu et remercié, la Balance nous propose à présent d'intégrer les bienfaits de ces dons en partageant notre récolte avec celles et ceux qui sont chers à notre cœur pour contribuer à l'équilibre sacré de ce qui œuvre subtilement à nos côtés.

Abraca'DIY

Ma lanterne d'Halloween

Fabriquez votre lanterne enchantée pour avancer sereinement et en confiance sur votre chemin de beauté. Si l'on associe assez naturellement Samhain à la fête d'Halloween et donc aux fameuses citrouilles, connaissez-vous vraiment leur histoire? Tout commence par la légende irlandaise de Jack à la lanterne racontant les aventures d'un homme fort peu sympathique mais malicieux qui joua plusieurs tours au diable avant d'être pris à son propre piège. Condamné à errer dans l'obscurité jusqu'au Jugement dernier, il ne peut se diriger qu'avec sa lanterne fabriquée avec un navet (très répandu en Irlande) et un tison. Quant aux citrouilles, elles remplacent les navets en Amérique où ceux-ci ne sont pas cultivés.

Matériel

- Une citrouille ou un navet
- Un couteau aiguisé
- Une cuillère à soupe
- Un crayon de papier ou un feutre noir
- Une bougie blanche, noire ou orange

Fabrication

Installez-vous à votre plan de travail et ouvrez votre cercle. Découpez le haut de votre courge et évidez-la avec une cuillère. Versez le contenu dans un grand saladier, conservez cela au frais (pour l'utiliser en soupe, en tarte – p. 181 – ou en crumble, etc.). Dessinez un sigil de protection et découpez-le délicatement (privilégiez de grandes et larges formes)

Rituel d'activation

Pour activer la magie de votre lanterne, allumez une bougie et déposez-la à l'intérieur. Pour plus de stabilité, utilisez une coupelle au fond de la citrouille pour la maintenir.
Posez-la devant votre maison, sur votre balcon ou à proximité d'une fenêtre et récitez :

« Alors que le voile entre les mondes s'est levé,
Que le clair-obscur se révèle dans toute sa beauté
Puisse cette lanterne me protéger
Et toujours éclairer mon chemin de beauté. »

Prenez le temps de quelques belles respirations et refermez ensuite votre cercle. Laissez brûler votre bougie pour activer la magie.

Semaine 40

DU 3 AU 9 OCTOBRE

Ma pensée de la semaine : j'accueille avec douceur mon chaos intérieur

Travailler sur soi, à ses relations, à ses projets, à son mieux-être plus généralement est un processus de transformation à nul autre pareil. Se questionner et plonger en soi et dans son passé a de quoi nous secouer. Le changement crée en nous un chaos intérieur qu'il convient d'accompagner avec douceur. Pour cela, rien de mieux que de prendre conscience de ce qui, en nous, a subtilement évolué.

LUNDI 3 D

MARDI 4

MERCREDI 5

JEUDI 6

MAGIE DU QUOTIDIEN

Ma retraite silencieuse

Dans notre société où nous sommes saturés de messages et d'injonctions, offrez-vous une journée comme une retraite silencieuse : débranchez-vous des réseaux, éteignez la télé et, surtout, ne parlez que si l'on prend le temps de vous questionner. À la fin, notez vos ressentis, vos sensations, vos émotions, ce peut être un certain apaisement, de la frustration, une libération. Faites de la place au silence pour accueillir votre chaos intérieur et le transformer en chaos créateur.

Notes

WITCHY TIPS

Le corbeau, mon allié de la transformation

Tandis que l'automne s'installe, le corbeau vous accompagne dans la descente vers vos terres intérieures. Symbole de la magie et du mystère de la vie, il aime se nicher très haut dans les arbres, aux aguets, pour vous protéger. Souvent associé à la mort, il incarne davantage le pouvoir de la transformation, car pour survivre il est capable de se nourrir de tout ce qui l'entoure. Avec lui à vos côtés, vous êtes prête pour avancer.

To do list

VENDREDI 7

SAMEDI 8

DIMANCHE 9 ○

L	M	M	J	V	S	D
26	27	28	29	30	1	2
3	4	5	6	7	8	9
10	11	12	13	14	15	16
17	18	19	20	21	22	23
24	25	26	27	28	29	30
31	1	2	3	4	5	6

DIVIN'ACTION

Vous avez tiré : l'Hermite

Si dans cette période de transition, vous vous sentez chamboulée, soyez assurée que l'Hermite veille à vos côtés. Avec lui, patience et prudence sont de rigueur pour comprendre en profondeur les changements et les ajustements de votre équilibre intérieur. Avec sa lanterne, il vous guide dans l'obscurité. L'Hermite vous rappelle qu'il est toujours bon de faire un pas de côté pour mieux appréhender tout ce que vous venez de traverser.

TRACKERS

Joie ○○○○○○○○○○

Amour ○○○○○○○○○○

Sororité ○○○○○○○○○○

Semaine 41

DU 10 AU 16 OCTOBRE

Ma pensée de la semaine : je fais peau neuve, je me renouvelle sans cesse

Sorcière-héroïne, vous avez traversé cette année avec foi, force et courage pour mettre votre magie au service de vos projets de vie. Se choisir, passer à l'action et ajuster ce qui doit l'être est un chemin initiatique qui, un jour après l'autre, vous a appris à vous délester de ce qui ne vous convient plus pour canaliser votre énergie vers vos buts. Cette subtile transformation intérieure s'inscrit dans le cycle perpétuel de vie, mort et renaissance dont la nature a le secret.

LUNDI 10

MARDI 11

MERCREDI 12

JEUDI 13

MAGIE DU QUOTIDIEN

La magie du hammam

Changer de peau, voilà une métaphore idéale lorsqu'il s'agit d'évoquer notre transformation personnelle. Pour symboliser cette mue intérieure à l'extérieur, rien de mieux que la chaleur du hammam associée à un nettoyage au gant de crin et au savon noir. La vapeur d'eau va permettre d'éliminer les toxines de votre corps et, grâce au gommage, de vous libérer de vos peaux mortes. Terminez votre séance par une douche fraîche pour resserrer les pores et tonifier votre circulation sanguine.

Notes

WITCHY TIPS

La méditation de l'érable

Les sorcières s'inspirent de la nature pour se transformer. À l'automne, comme les érables qui perdent leurs feuilles mordorées, elles se délestent du passé. Elles savent que le changement de couleur des feuilles et leur chute sont signe que les arbres se préparent à hiverner. Alors, elles ferment les yeux et s'imaginent parmi eux se dépouillant de leurs pensées négatives, de leurs croyances limitantes et de leurs dernières résistances. Elles sont maintenant prêtes à ralentir pour se reposer et se ressourcer.

To do list

VENDREDI 14

SAMEDI 15

DIMANCHE 16

L	M	M	J	V	S	D
26	27	28	29	30	1	2
3	4	5	6	7	8	9
10	11	12	13	14	15	16
17	18	19	20	21	22	23
24	25	26	27	28	29	30
31	1	2	3	4	5	6

DIVIN'ACTION

Du chaos à la clarté

J'aime l'idée que tirer les cartes est une métaphore de notre transformation. D'abord, un moment pour se recentrer et poser son intention telle une vision. Puis, le chaos des cartes mélangées et enfin la clarté lorsqu'elles sont tirées et révélées. Certaines seront des cartes ressources, d'autres des obstacles sur notre route, toutes auront un message. Ayez conscience de ce cycle de transformation lors de chacun de vos tirages et laissez la magie vous accompagner du chaos à la clarté.

TRACKERS

Joie ○○○○○○○○○

Amour ○○○○○○○○○

Sororité ○○○○○○○○○

Semaine 42

DU 17 AU 23 OCTOBRE

Ma pensée de la semaine : je suis le premier rôle de mon chemin de vie

Après le chaos du changement, le calme s'installe pour laisser place à la prise de conscience de la transformation. Faire ce pas de côté est indispensable pour prendre du recul sur notre vie surbookée, revenir à l'essentiel et se concentrer sur notre joie. Le temps du bilan, c'est aussi l'occasion de prendre de la distance sur ce qu'il est bon pour nous d'arrêter, de quitter, de laisser et au contraire, ce qu'il est bon pour nous de préserver, de nourrir et de cultiver.

LUNDI 17 ☾

MARDI 18

MERCREDI 19

JEUDI 20

MAGIE DU QUOTIDIEN

La magie du storytelling

Et si vous écriviez votre histoire pour comprendre votre transformation ? Faites de vous une héroïne, parlez de vos projets, des épreuves que vous avez surmontées, des ressources insoupçonnées que vous avez su révéler pour réussir ce que vous entrepreniez. Romancez vos écrits. Présentez l'héroïne (vous), votre projet telle une quête, les obstacles comme des dragons à terrasser, les allié·e·s rencontrée·s et le retour, victorieuse, dans votre village.

Notes

WITCHY TIPS

L'obsidienne, mon équilibre retrouvé

Pierre volcanique, l'obsidienne attire naturellement tous les regards avec son noir éclatant. Lors d'une méditation, d'une relaxation, posée au niveau du chakra racine, elle saura libérer toute sa magie pour vous aider à faire le bilan, à prendre conscience des expériences passées, des réussites comme de ce qui a moins bien fonctionné. L'obsidienne facilite la plongée vers vos terres intérieures en toute sécurité.

To do list

VENDREDI **21**

SAMEDI **22**

DIMANCHE **23**

L	M	M	J	V	S	D
26	27	28	29	30	1	2
3	4	5	6	7	8	9
10	11	12	13	14	15	16
17	18	19	20	21	22	23
24	25	26	27	28	29	30
31	1	2	3	4	5	6

DIVIN'ACTION

Le tirage de la transformation

Pour soutenir votre travail de transformation, réalisez ce tirage à 5 cartes. Mélangez votre jeu en vous concentrant sur les étapes clés de votre année. Carte 1 à gauche : «ce qui pour moi est en train d'évoluer»; carte 2 à droite : «cette peur, cette croyance qu'il me faut encore dépasser»; carte 3 en haut : «la ressource personnelle qu'il me faut activer pour m'aider»; carte 4 en bas : «ce qu'il est temps pour moi d'arrêter»; et enfin, carte 5 : «ce vers quoi sereinement je vais», au centre.

TRACKERS

Joie ○○○○○○○○○

Amour ○○○○○○○○○

Sororité ○○○○○○○○○

Semaine 43

DU 24 AU 30 OCTOBRE

Ma pensée de la semaine : je suis fière de tout ce que j'accomplis

Soyez fière du chemin parcouru et de vos accomplissements. Il est temps de déployer des trésors de gratitude pour vous. Osez vous célébrer dans toute votre beauté pour prendre soin de vous comme vous prendriez soin de vos proches. Encouragez-vous, félicitez-vous, offrez-vous des cadeaux. Si vous en êtes là aujourd'hui, c'est bien grâce à vous. Souvenez-vous que votre magie est au service de vos projets de vie.

LUNDI **24**

MARDI **25** ●

MERCREDI **26**

JEUDI **27**

MAGIE DU QUOTIDIEN

Mon pot à fiertés

Jusqu'à Samhain de l'année prochaine, remplissez chaque jour votre pot à fiertés. Pour cela, choisissez une petite boîte ou un bocal. Chaque fois que vous serez fière de vous, notez-le sur un papier et déposez-le dans votre contenant pour, plus tard, vous remémorer chacun de vos accomplissements. Décrivez ce qui s'est passé, les ressources personnelles activées et les résultats obtenus. Voyez comme votre pot se remplit et prenez conscience de votre magie qui grandit.

Notes

WITCHY TIPS

La magie des cérémonies

Seules ou bien accompagnées, les sorcières ont toujours plaisir à célébrer les grands passages de la vie. Comme elles, déployez votre magie pour vous célébrer dans toute votre beauté. Une nouvelle union, une promotion, l'arrivée d'un enfant ou bien encore un déménagement… Ritualisez ces passages importants en vous offrant des cérémonies pour vous et rien que pour vous, par exemple en vous plongeant dans un bain enchanté ou en allumant simplement une nouvelle bougie sur votre autel sacré.

To do list

VENDREDI 28

SAMEDI 29

DIMANCHE 30

L	M	M	J	V	S	D
26	27	28	29	30	1	2
3	4	5	6	7	8	9
10	11	12	13	14	15	16
17	18	19	20	21	22	23
24	25	26	27	28	29	30
31	1	2	3	4	5	6

DIVIN'ACTION

Vous avez tiré : le Soleil

À la recherche de votre juste équilibre, cet arcane majeur du tarot vous indique que vous êtes sur la voie du succès. Vous vous êtes donné les moyens d'aller au bout de vos projets. Le Soleil, symbole de la réalisation de soi, vous rappelle aussi que le succès et la joie ont encore plus de valeur s'ils sont partagés en toute humilité. Prenez alors plaisir à célébrer chaleureusement vos victoires avec vos proches et apprenez à rayonner en toute simplicité.

TRACKERS

Joie ○○○○○○○○○

Amour ○○○○○○○○○

Sororité ○○○○○○○○○

Semaine 44

DU 31 OCTOBRE AU 6 NOVEMBRE

Ma pensée de la semaine : je célèbre avec joie cette nouvelle année enchantée

Au cœur de l'automne, tandis que la roue des sorcières termine son cycle pour mieux se relancer, c'est le moment de célébrer la nouvelle année. Décorez votre autel, déposez des offrandes en forêt, remerciez, partagez et préparez-vous à festoyer. Vous avez bien travaillé, il est temps de vous amuser le temps d'une dernière soirée.

LUNDI 31

MARDI 1er D

Toussaint

MERCREDI 2

JEUDI 3

MAGIE DU QUOTIDIEN

Ma soirée d'Halloween

Les sorcières savent jouer avec les codes, et célébrer Samhain, cette fête magique, avec leurs proches non-initié·e·s. Comme elles, revêtez votre plus beau déguisement et invitez vos ami·e·s pour rire, dévorer des bonbons et danser toute la nuit. Amusez-vous à décorer votre salon d'orange, de noir et de doré, accrochez des toiles d'araignées, préparez de vieux films d'horreur et tamisez la lumière.

Notes

WITCHY TIPS

Magie des fourneaux : ma pumpkin pie

La citrouille porte en elle la symbolique de la magie. Avec elle, rien ne se perd, tout se transforme. Ainsi, préparez la célèbre tarte d'Halloween avec la chair de votre lanterne ! Faites cuire à la vapeur 500 g de chair de citrouille puis mixez-la. Dans un saladier, mélangez 150 g de sucre, 4 œufs, 100 g de beurre fondu, 1 c. à c. de cannelle, 1 autre de muscade et 1 pincée de sel. Réunissez vos préparations et versez dans un plat à tarte foncé de pâte brisée. Direction le four jusqu'à ce que la surface soit un peu caramélisée (environ 1 heure à 180 °C).

To do list

VENDREDI 4

SAMEDI 5

DIMANCHE 6

L	M	M	J	V	S	D
26	27	28	29	30	1	2
3	4	5	6	7	8	9
10	11	12	13	14	15	16
17	18	19	20	21	22	23
24	25	26	27	28	29	30
31	1	2	3	4	5	6

DIVIN'ACTION

Le voile entre les mondes est levé

À Samhain, le voile entre les mondes se fait plus fin et il est alors possible de capter plus facilement les messages de nos allié·e·s. Préparez une liste de questions, votre jeu de divination préféré et ouvrez votre cercle. Appelez à vous la force de vos allié·e·s (vos ancêtres par exemple) et, lorsque vous vous sentez prête, mélangez votre jeu et tirez une carte pour chacune de vos questions. Faites confiance à votre intuition. Notez dans votre grimoire tous les messages que vous recevrez. Enfin, remerciez vos allié·e·s.

TRACKERS

Joie ○○○○○○○○○○

Amour ○○○○○○○○○○

Sororité ○○○○○○○○○○

Ma roue des lunes d'octobre

Chaque jour, complétez votre roue des lunes pour mieux appréhender votre flow de magie au regard de votre cycle menstruel et du cycle lunaire. Soyez attentive à vos ressentis psychiques, physiques et émotionnels.

lunes

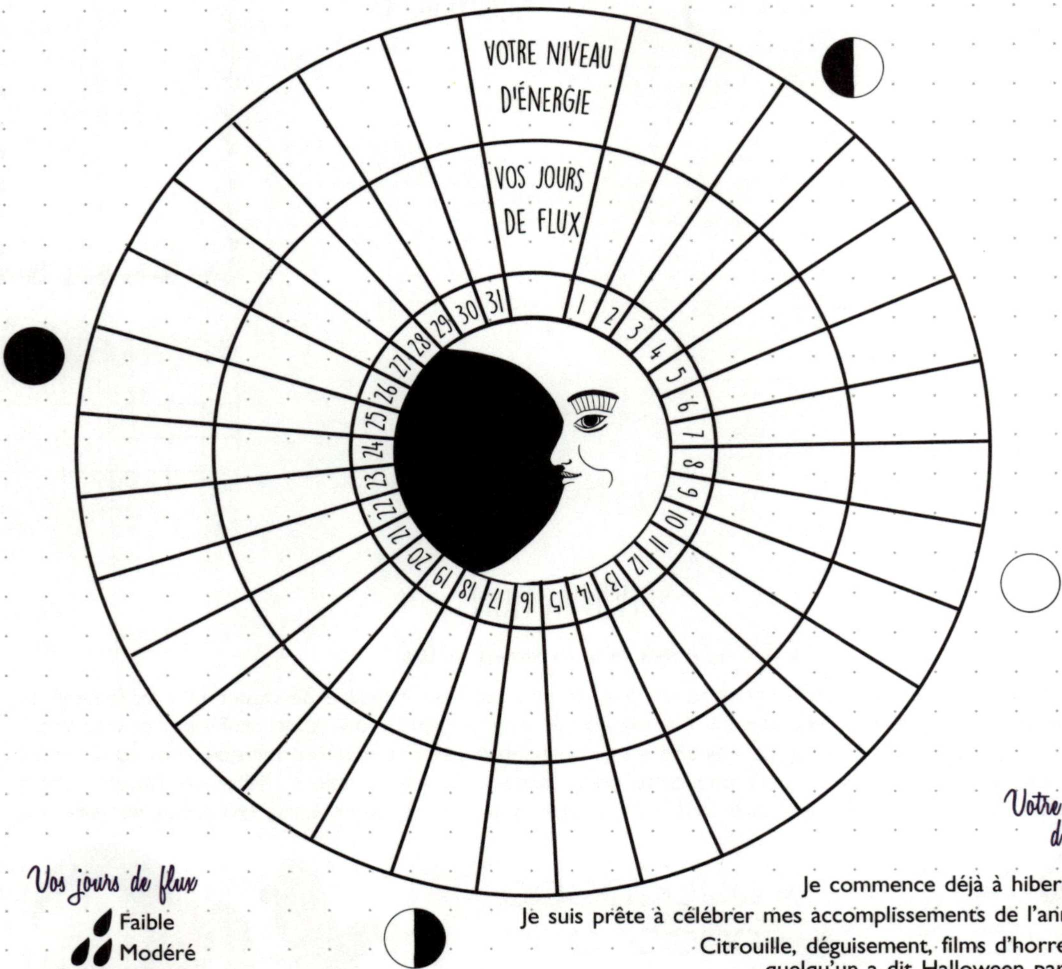

Vos jours de flux

- Faible
- Modéré
- Intense

Votre niveau d'énergie

- Je commence déjà à hiberner
- Je suis prête à célébrer mes accomplissements de l'année
- Citrouille, déguisement, films d'horreur, quelqu'un a dit Halloween party ?

Mon grimoire d'octobre

Pour enrichir votre grimoire et garder une trace de votre exploration à la rencontre de votre magie personnelle, je vous propose de réaliser 3 activités ludiques, créatives et intuitives.

J'ÉCRIS MON JOURNAL DE SORCIÈRE

Quelles sont les 3 choses que je suis particulièrement fière d'avoir réalisées cette année ?

....

Quels sont les enseignements que je tire de ce qui a moins bien fonctionné ?

....

Avec qui ai-je envie de célébrer ce grand passage de la roue de l'année ?

....

JE DESSINE MA CARTE DE TAROT

Samhain est une période propice aux travaux divinatoires, alors je vous invite à réaliser votre propre carte de tarot. Sur une nouvelle page de votre grimoire, tracez ses contours (idéalement 9,5 x 14 cm), format portrait. Puis, prenez un moment pour méditer, vous recentrer sur les accomplissements de l'année. Quand vous vous sentez prête, ouvrez les yeux et notez en bas de la carte le mot clé qui symbolise votre traversée, en haut, un chiffre et au centre un dessin intuitif. Dans chacun de vos traits, pour chacune des couleurs utilisées, ayez à cœur de déposer sur le papier l'énergie alchimique de votre transformation.

MOODBOARD DES FÊTES DES SORCIÈRES

Si le mois dernier vous avez pris soin de dessiner votre roue de l'année, pour aller un peu plus loin, je vous invite à créer votre moodboard des sabbats de sorcières. Comme notre année magique commence avec Samhain, c'est le moment d'en profiter.

En pratique :

- Je m'installe dans un endroit confortable où je ne serai pas dérangée.
- Je pose avec clarté mon intention : « Les énergies de Samhain. »
- Je réunis des images et des illustrations qui m'inspirent : magazines, Pinterest, Instagram, etc.
- Je me laisse guider par mon intuition pour assembler tout cela.
- J'ajoute des embellissements selon mes envies : stickers, paillettes, rubans, strass, etc.
- Je prends le temps d'observer et d'apprécier le travail réalisé, je sais que je pourrai y revenir pour m'en inspirer.

Ma cérémonie 31 octobre-1er novembre

Samhain

Voilà le temps de fêter Samhain, sabbat majeur de la roue de l'année des sorcières. Les moissons sont terminées, il est temps de ranger nos outils, notre établi, pour enfin célébrer tous les accomplissements de l'année. Avec Samhain, fête d'origine celtique que l'on pourrait traduire par « fin de l'été », le grand cycle de la saison claire se referme pour accueillir la période sombre.

LE PAS-SAGE

Temps du passage, pour laisser symboliquement mourir dans nos vies ce qui le doit et intégrer les enseignements reçus afin de mieux renaître au prochain cycle, Samhain nous invite à prendre conscience de notre transformation. Où en êtes-vous de vos projets ? Que souhaitez-vous encore améliorer dans votre vie ? Quelles sont les dernières résistances qui auraient encore besoin d'un coup de pouce magique ?

MA CÉLÉBRATION

Installez-vous devant votre autel que vous aurez décoré pour l'occasion, ouvrez votre cercle magique et relisez à voix haute votre déclaration de sorcière, votre lettre à l'Univers, votre kasàlà et vos gratitudes. Fermez les yeux un instant et laissez venir à vous toutes les images, les souvenirs de ce qui s'est passé pour vous depuis le début de l'année. Souvenez-vous des obstacles qu'il vous a fallu surmonter, des peurs que vous avez chassées, de la liberté que vous avez gagnée. Repensez à cette souveraineté que vous avez conquise, à votre pouvoir personnel retrouvé, à cette joie dont vous êtes maintenant imprégnée. Remerciez vos ancêtres, votre lignée, vos allié·e·s, tout ce qui œuvre subtilement à vos côtés.

Prenez conscience du chemin parcouru, de votre magie qui chaque jour se déploie et se renforce pour soutenir vos projets de vie. Puis, dans un souffle léger, accueillez vos émotions, vos sensations avec douceur, bienveillance et compassion.

Lorsque vous vous sentez prête, ouvrez à nouveau les yeux, souriez et filez vous préparer, il est temps d'aller vous déhancher sur une playlist endiablée.

Novembre

SŒURCIÈRES, TOUTES RELIÉES

Le mois de novembre s'ouvre avec la célébration de nos défunts. Un temps pour se recueillir et honorer la mémoire de nos ancêtres bien-aimés. Les énergies de Samhain continuent de se déployer et amènent avec elle la possibilité d'explorer la magie de notre lignée. Un moment fort pour se délester du poids du passé et remercier celles et ceux qui œuvrent subtilement à nos côtés.

Nous voilà au cœur de l'automne, contemplant les arbres se dénuder et la grisaille s'installer. Les températures se rafraîchissent significativement et nous sommes naturellement appelées à regagner en douceur notre demeure pour poursuivre en profondeur notre processus de transformation intérieure.

Après avoir fêté le nouvel an des sorcières, un nouveau cycle est relancé. Accompagnée de votre boisson chaude préférée et de votre grimoire enchanté, c'est le moment de vous reconnecter au pouvoir sacré de la sororité.

Astro vibes

Scorpion
La libération

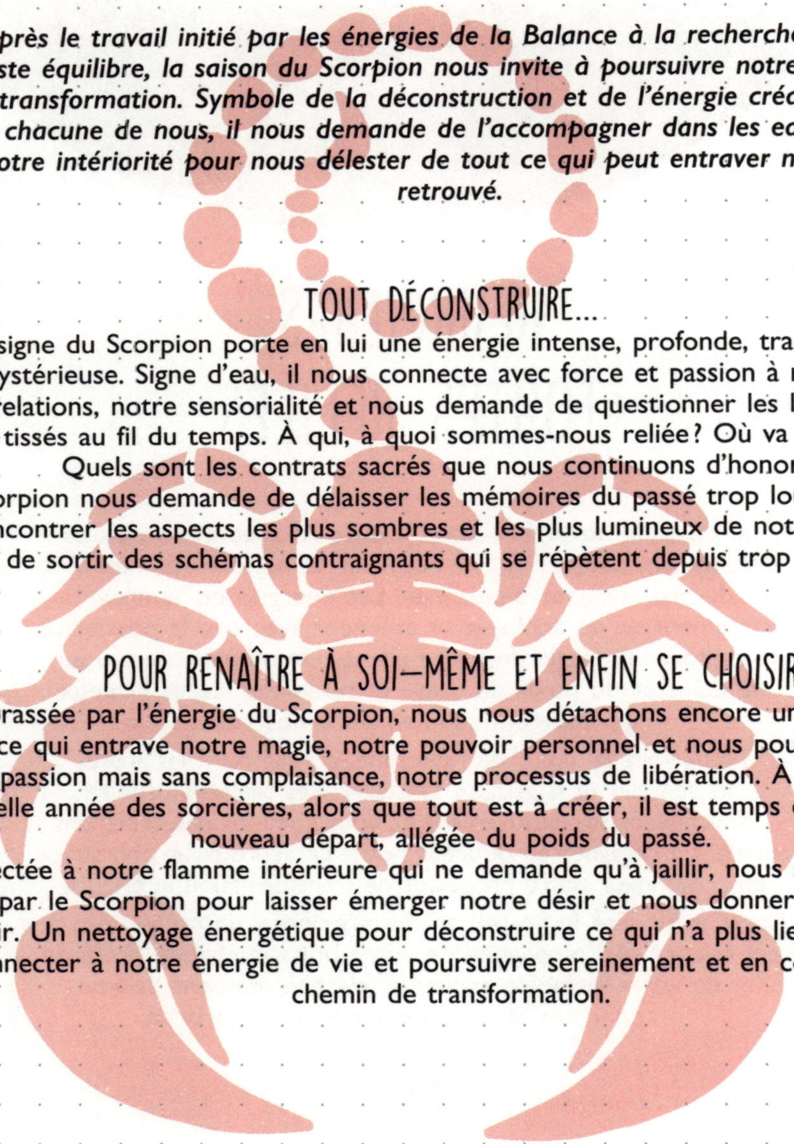

Après le travail initié par les énergies de la Balance à la recherche de notre juste équilibre, la saison du Scorpion nous invite à poursuivre notre processus de transformation. Symbole de la déconstruction et de l'énergie créatrice qui vit en chacune de nous, il nous demande de l'accompagner dans les eaux troubles de notre intériorité pour nous délester de tout ce qui peut entraver notre équilibre retrouvé.

TOUT DÉCONSTRUIRE…

Le signe du Scorpion porte en lui une énergie intense, profonde, transformatrice et mystérieuse. Signe d'eau, il nous connecte avec force et passion à nos émotions, nos relations, notre sensorialité et nous demande de questionner les liens que nous avons tissés au fil du temps. À qui, à quoi sommes-nous reliée ? Où va notre loyauté ? Quels sont les contrats sacrés que nous continuons d'honorer ?

Le Scorpion nous demande de délaisser les mémoires du passé trop lourdes à porter, de rencontrer les aspects les plus sombres et les plus lumineux de notre personnalité et de sortir des schémas contraignants qui se répètent depuis trop longtemps.

POUR RENAÎTRE À SOI-MÊME ET ENFIN SE CHOISIR

Embrassée par l'énergie du Scorpion, nous nous détachons encore un peu plus de tout ce qui entrave notre magie, notre pouvoir personnel et nous poursuivons, avec compassion mais sans complaisance, notre processus de libération. À l'heure de la nouvelle année des sorcières, alors que tout est à créer, il est temps de prendre un nouveau départ, allégée du poids du passé.

Connectée à notre flamme intérieure qui ne demande qu'à jaillir, nous sommes piquée au vif par le Scorpion pour laisser émerger notre désir et nous donner les moyens de réussir. Un nettoyage énergétique pour déconstruire ce qui n'a plus lieu d'être, nous reconnecter à notre énergie de vie et poursuivre sereinement et en confiance notre chemin de transformation.

Abraca'DIY

Mon bracelet enchanté

Je vous propose de créer votre bracelet-manchette pour honorer la mémoire des femmes de votre lignée et renforcer les liens qu'il est bon pour vous d'entretenir avec elles. Sa forme circulaire, le mélange harmonieux des brins sont synonymes d'attachement, d'appartenance et de fidélité.

Matériel

- 1 fermoir à bracelet aimanté
- Des rubans, du biais, un cordon, des fils de coton, des perles
- 1 ruban satiné d'une couleur claire qui servira à fixer vos rangs sur le fermoir
- De la colle à bijoux
- 1 paire de ciseaux
- 1 règle

Fabrication

Installez-vous à votre plan de travail et ouvrez votre cercle de pratiques magiques et créatives. Pour représenter l'énergie de votre lignée, tressez un bracelet brésilien d'1,5 cm de largeur environ qui constituera la bande centrale de votre bracelet. Préparez les autres fils et rubans qui constitueront les autres bandes : mesurez la longueur de votre poignet et ajoutez 2 cm avant de couper. Vous pouvez monter 2 ou 3 rangées de perles sur les fils. Préparez 2 morceaux de ruban satiné de la largeur et de la profondeur des fermoirs. Sur le premier, mettez un trait de colle puis déposez votre bracelet brésilien au centre et entourez-le de vos rubans et vos fils ; vous pouvez aussi jouer avec les superpositions et vous aider d'une pince plate pour les fixer. Laissez sécher puis recouvrez le tout de colle et glissez l'ensemble à l'intérieur du fermoir. Réitérez le même principe pour l'autre extrémité et, à nouveau, laissez sécher.

Rituel d'activation

Une fois votre bracelet-manchette prêt, présentez-le devant votre autel. Baignez-le dans la fumée de votre bâton de fumigation avant de l'enchanter. Récitez :

« J'en appelle aux femmes de ma lignée
Celles que je connais et celles des temps passés
Puissiez-vous m'aider à avancer sur mon chemin de beauté
Amour, douceur & sororité. »

Maintenant, portez fièrement votre bracelet et laissez la magie de votre lignée vous accompagner. Fermez votre cercle et reprenez sereinement et en confiance le cours de votre journée.

Semaine 45

DU 7 AU 13 NOVEMBRE

Ma pensée de la semaine : j'honore la mémoire de celles et ceux qui m'ont précédée

La famille est un sujet complexe difficile à questionner. Prendre le temps d'identifier et de dénouer les fils qui relient tous les membres de votre famille, découvrir votre histoire familiale et lui donner du sens est un travail de transformation à part entière. Prenez le temps d'honorer la mémoire de vos ancêtres, et peut-être que la magie des sorcières et des sorciers qui vous ont précédée vous sera révélée.

LUNDI 7

MARDI 8 ○

MERCREDI 9

JEUDI 10

MAGIE DU QUOTIDIEN

J'explore mon arbre généalogique

La psychogénéalogie permet d'explorer les schémas du passé qui se répètent inconsciemment de génération en génération. S'il vaut mieux se faire accompagner par un professionnel pour ce travail, vous pouvez d'ores et déjà représenter votre arbre généalogique sur les 3 ou 4 dernières générations. Indiquez les dates de naissance, les décès, les unions, les séparations, les accidents, les maladies, les déménagements. Tout cela raconte une histoire, votre histoire.

Notes

WITCHY TIPS

La magie des objets de famille

Il y a de la magie dans les objets de famille. Êtes-vous de celles qui portent une bague héritée de leur grand-mère ou qui passent des heures à contempler les vieux albums photos de famille? De précieux héritages du passé qu'il convient d'honorer. Avant de les porter ou de leur faire une place dans votre habitation, pensez toujours à les purifier avec des fumigations ou des pierres de purification et de protection (comme l'améthyste) pour que vous puissiez à votre tour bénéficier de leur magie.

To do list

VENDREDI 11

Armistice 1918

SAMEDI 12

DIMANCHE 13

L	M	M	J	V	S	D
31	1	2	3	4	5	6
7	8	9	10	11	12	13
14	15	16	17	18	19	20
21	22	23	24	25	26	27
28	29	30	1	2	3	4

DIVIN'ACTION

Le tirage des ancêtres

Source de sagesse et d'inspiration, vos ancêtres sont de bon conseil. Pour ce tirage « Quel est le message que mes ancêtres souhaitent m'adresser ? », utilisez seulement les arcanes majeurs et mélangez vos cartes en pensant à vos aïeux. Tirez 3 cartes. Carte 1 à gauche : « leur mise en garde » ; carte 2 au centre : « leur conseil » ; carte 3 à droite : « leur message de soutien ». Une fois le tirage terminé, remerciez-les avec une offrande.

TRACKERS

Joie ○○○○○○○○○○

Amour ○○○○○○○○○○

Sororité ○○○○○○○○○○

Semaine 46

DU 14 AU 20 NOVEMBRE

Ma pensée de la semaine : je suis petite-fille de sorcière et j'en suis fière

Vous êtes héritière de votre lignée de femmes. Et si vous preniez le temps d'explorer votre arbre gynécologique? Qui sont ces femmes qui vous ont précédée et à qui vous êtes intimement liée? Quelles sont les blessures anciennes à nettoyer et les histoires à célébrer? La puissance de votre lignée de femmes est incontestable, cet héritage porte en lui une magie libératrice qu'il est possible d'activer au quotidien pour soutenir et encourager vos projets de vie.

LUNDI **14**

MARDI **15**

MERCREDI **16** ☾

JEUDI **17**

MAGIE DU QUOTIDIEN

Je nomme les femmes de ma lignée

Reprenez votre arbre généalogique et tracez un trait rouge pour relier toutes les femmes de votre lignée. Pour chacune, recherchez des informations pour (re)découvrir son histoire, la comprendre et éventuellement la libérer en lui témoignant du respect et de la compassion. Répétez à voix haute leur prénom dans l'ordre : vous, vos sœurs, vos cousines, votre mère, vos tantes, vos grands-mères, leurs sœurs et ainsi de suite. Sentez la magie de cette célébration agir sur vous comme un baume de guérison.

Notes

WITCHY TIPS

Le lierre pour se relier

Longue liane aux feuilles persistantes, le lierre grimpant est un symbole de lien, de fidélité et de loyauté. Chez vous, prenez plaisir à installer un autel dédié aux femmes de votre lignée, placez-y des photos, vos objets de famille à recharger en énergie, une bougie blanche et du lierre grimpant pour les envelopper comme dans un cocon douillet. Déposez aussi des offrandes comme la boisson préférée de votre grand-mère ou une part de sa fameuse tarte aux pommes.

To do list

VENDREDI **18**

SAMEDI **19**

DIMANCHE **20**

L	M	M	J	V	S	D
31	1	2	3	4	5	6
7	8	9	10	11	12	13
14	15	16	17	18	19	20
21	22	23	24	25	26	27
28	29	30	1	2	3	4

DIVIN'ACTION

Lire dans le marc de café

Dans une petite casserole, versez 1 verre d'eau et 1 cuillère de café moulu par personne. Laissez chauffer jusqu'à ébullition, retirez du feu et mélangez avant de remettre à chauffer. Répétez cela 3 fois avant de verser le café dans les tasses. Une fois qu'il est bu, retournez la tasse sur sa coupelle et laissez refroidir. Ensuite, identifiez et interprétez les symboles dans la tasse, guidée par votre intuition.

TRACKERS

Joie ○○○○○○○○○

Amour ○○○○○○○○○

Sororité ○○○○○○○○○

Semaine 47

DU 21 AU 27 NOVEMBRE

Ma pensée de la semaine : nous sommes une, la sororité retrouvée !

Votre lignée de femmes, vos amies, vos collègues, des inconnues… Dans un monde régi par des lois patriarcales et des injonctions sociétales toujours plus fortes, il est temps de vous reconnecter à la magie de la sororité. Qu'il s'agisse des traditions ancestrales du féminin sacré ou des mouvements modernes féministes, (re)découvrez la puissance de la collaboration. Loin de la compétition, rencontrons-nous en tant que sœurcières et, ensemble, œuvrons à la magie du monde d'aujourd'hui.

LUNDI **21**

MARDI **22**

MERCREDI **23** ●

JEUDI **24**

MAGIE DU QUOTIDIEN

Rejoindre un cercle de femmes

Le cercle est un symbole fort et, dans cet espace, chaque participante est invitée à prendre sa place à égalité. Les groupes de femmes sont des espaces d'expression et de transformation sacrés et secrets. Vous êtes invitée à déposer votre parole : une histoire de vie, un moment précieux à célébrer, une peine dont vous souhaitez vous libérer, des questionnements sur le féminin ou la maternité. Nous sommes là pour accueillir avec le cœur votre vérité.

Notes

WITCHY TIPS

La magie du coven

Si l'on peut pratiquer la sorcellerie seule, il est toujours intéressant de se rencontrer entre sorcières pour pratiquer ensemble. Coven est d'ailleurs un mot d'origine écossaise qui signifie « ensemble, se rassembler ». Il peut prendre différentes formes : groupe d'étude, célébrations des sabbats, des esbats et autres cérémonies enchantées. Et si vous créiez vous aussi votre coven pour partager votre passion ?

To do list

VENDREDI 25

SAMEDI 26

DIMANCHE 27

L	M	M	J	V	S	D
31	1	2	3	4	5	6
7	8	9	10	11	12	13
14	15	16	17	18	19	20
21	22	23	24	25	26	27
28	29	30	1	2	3	4

DIVIN'ACTION

Vous avez tiré : La Roue de Fortune

La Roue de Fortune, symbole des nouvelles opportunités à saisir, vous invite à questionner votre vision de la sororité. Quel regard portez-vous sur les femmes que vous côtoyez ? Soyez de celles qui encouragent, qui soutiennent et qui participent activement au réenchantement de la sororité. Une transformation importante, profonde est à l'œuvre dans notre société, ferez-vous partie de celles qui portent haut et fort les couleurs des sœurcières de cœur ?

TRACKERS

Joie ○○○○○○○○○

Amour ○○○○○○○○○

Sororité ○○○○○○○○○

Semaine 48

DU 28 NOVEMBRE AU 4 DÉCEMBRE

Ma pensée de la semaine : je deviens la femme que j'ai toujours été appelée à être

Explorer, activer et booster sa magie personnelle aux côtés de ses ancêtres, des femmes de sa lignée et des sœurcières qui cheminent à nos côtés est un travail énergétique puissant de libération, de transformation et de régénération. Vous êtes alors invitée à prendre votre place, en continuant d'honorer votre passé et en participant activement à la suite de cette histoire.

LUNDI 28

MARDI 29

MERCREDI 30 D

JEUDI 1er

MAGIE DU QUOTIDIEN

Je crée mes propres traditions

Les traditions sont ancrées dans nos vies et ont un goût de magie. Il est temps de perpétuer celles qui vous mettent en joie et d'en créer de nouvelles avec les personnes qui vous sont chères. Initier une nouvelle tradition, c'est transformer les rendez-vous du quotidien en quelque chose de beaucoup plus spécial. Avec votre famille, vos amis ou votre coven, imaginez des rendez-vous réguliers où vous aurez plaisir à vous retrouver et à célébrer les liens tissés au fil des années.

Notes

WITCHY TIPS

Le serpent, mon animal totem de la transformation

Guérison, transformation, mutation, voilà la magie du serpent. Symbole des grands cycles de la vie, à l'image de sa mue, il nous appelle à nous délester des mémoires passées sur les plans physique, émotionnel et spirituel. Pour accompagner votre rituel de libération, vous pouvez le dessiner sur un papier, lui souffler ce dont vous voulez vous séparer et, à la flamme d'une bougie, le brûler. Sous sa protection, vous pouvez maintenant continuer à avancer sur votre chemin de beauté.

To do list

VENDREDI 2

SAMEDI 3

DIMANCHE 4

L	M	M	J	V	S	D
31	1	2	3	4	5	6
7	8	9	10	11	12	13
14	15	16	17	18	19	20
21	22	23	24	25	26	27
28	29	30	1	2	3	4

DIVIN'ACTION

Vous avez tiré : le Jugement

Cette carte est annonciatrice de changement, de transformation de guérison. Vous êtes en train de passer une étape importante. Vous avez eu le courage de rencontrer les différentes facettes de votre personnalité, de votre magie, vous avez exploré votre passé, votre part sombre enfouie, et vous voilà transformée. Après la période inconfortable du changement, le Jugement vous invite à un nouveau départ vers un avenir plus en lien avec vos aspirations, vos valeurs, votre vraie nature.

TRACKERS

Joie ○○○○○○○○○○

Amour ○○○○○○○○○○

Sororité ○○○○○○○○○○

Ma roue des lunes de novembre

Chaque jour, complétez votre roue des lunes pour mieux appréhender votre flow de magie au regard de votre cycle menstruel et du cycle lunaire. Soyez attentive à vos ressentis psychiques, physiques et émotionnels.

lunes

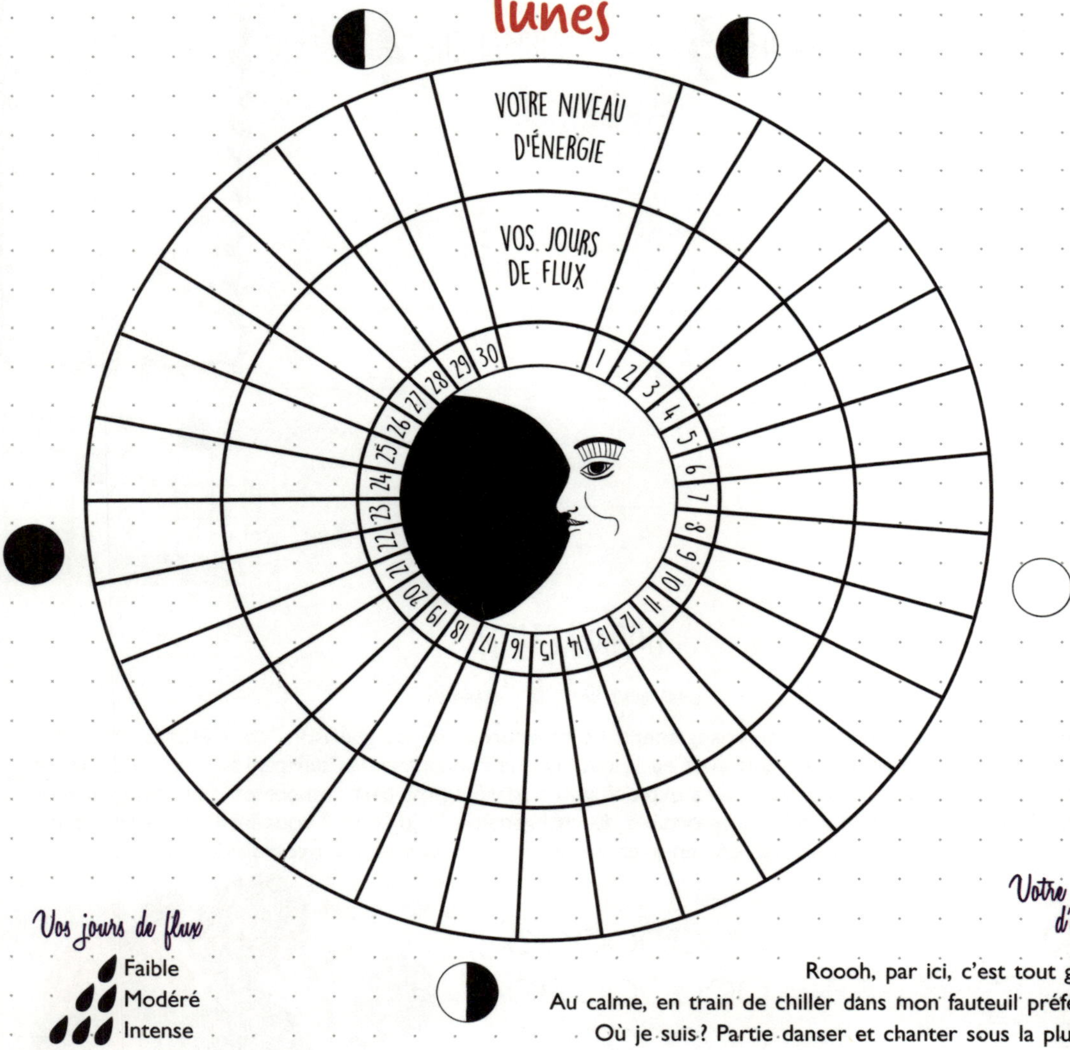

Vos jours de flux

- Faible
- Modéré
- Intense

Votre niveau d'énerg

- Roooh, par ici, c'est tout gris
- Au calme, en train de chiller dans mon fauteuil préféré
- Où je suis ? Partie danser et chanter sous la pluie !

Mon grimoire de novembre

Pour enrichir votre grimoire et garder une trace de votre exploration à la rencontre de votre magie personnelle, je vous propose de réaliser 3 activités ludiques, créatives et intuitives.

MOOD BOARD COVEN

Pour préparer la création et l'animation de votre coven, prenez le temps de le rêver pour mieux le matérialiser. Quel nom allez-vous lui donner, quelles seront les activités proposées, y aura-t-il un dress code, des traditions à respecter? Laissez votre magie s'exprimer.

En pratique

- Je m'installe dans un endroit confortable où je ne serai pas dérangée.
- Je pose avec clarté mon intention : « Mon coven idéal. »
- Je réunis des images et des illustrations qui m'inspirent : magazines, Pinterest, Instagram, etc.
- Je me laisse guider par mon intuition pour assembler tout cela.
- J'ajoute des embellissements selon mes envies : stickers, paillettes, rubans, strass, etc.
- Quand j'ai terminé, je pense à donner un titre à mon tableau et à noter la date.
- Je prends le temps d'observer et d'apprécier le travail réalisé.

J'ÉCRIS MON JOURNAL DE SORCIÈRE

Quelles sont les histoires familiales qui semblent se répéter et qu'il est temps d'arrêter?

Qui sont les femmes qui aujourd'hui font partie de mon cercle sacré?

Quelle est cette nouvelle tradition que j'ai envie à mon tour de créer?

JE RÉUNIS MES RECETTES DE FAMILLE

Pour compléter votre collection de grimoires et de carnets, je vous propose de réécrire et d'illustrer vos recettes de famille. Sélectionnez celles qui, depuis toute petite, vous font saliver, déposez-les sur le papier, demandez des précisions à celles et ceux qui les ont déjà préparées, ajoutez vos notes personnelles et dessinez autour ce qu'elles représentent pour vous. Ce peut être le dessin du dessert en question ou peut-être le portrait de votre mère, les fraises du potager de votre grand-mère, etc. Prenez plaisir à mettre en mots et en images votre héritage culinaire.

Ma cérémonie

Honorer mes ancêtres

Le mois de novembre s'ouvre avec le portail énergétique de Samhain, une célébration entre ombre et lumière qui célèbre le cycle perpétuel de la mort et de la vie. En France, dans nos calendriers modernes, Samhain a été remplacé par la Toussaint (le 1er novembre) et la fête des morts (le 2 novembre). Quoi qu'il en soit, ce mois de novembre, entre grisaille et pluie, nous invite à honorer la mémoire de celles et ceux qui nous ont précédée.

JE CRÉE UN AUTEL DÉDIÉ À MES ANCÊTRES

En plus de votre autel saisonnier, durant le mois de novembre, vous pouvez installer un autel dédié à la mémoire de vos ancêtres. Créez un espace cocooning où vous aurez plaisir à vous retrouver pour les célébrer.

MA CÉLÉBRATION

Au cours du mois, lorsque vous vous sentirez prête, réalisez votre cérémonie. Installez-vous devant votre autel et ouvrez votre cercle magique. Prenez un moment de méditation pour vous recentrer et vous connecter à l'énergie de votre lignée. Tandis que vous allumez votre bâton de fumigation, citez à voix haute les prénoms de celles et ceux qui vous ont précédée et remerciez-les pour les valeurs qu'ils vous ont transmises, les enseignements reçus, les traditions qui se perpétuent. Sentez leur force positive grandir et vous envelopper d'amour et de douceur.

Sur un papier, écrivez ce qu'il est bon pour vous de leur rendre, de leur laisser, ces mémoires du passé dont vous souhaitez vous délester. Si vous le souhaitez, vous pouvez dessiner un sigil de libération ou bien encore représenter un serpent.

Puis, en conscience, brûlez à la flamme de la bougie votre papier et laissez la magie œuvrer. Brûlez à nouveau quelques herbes pour accompagner votre travail et ouvrez grande la fenêtre.

Enfin, avant de refermer votre cercle, remerciez vos ancêtres pour leur aide, leur présence subtile à vos côtés et racontez-leur comment vous allez à votre façon continuer à honorer leur mémoire et créer à votre tour de nouvelles traditions à la hauteur de vos aspirations.

Décembre

DOUCE NUIT

Vous voilà aux portes de l'hiver, prête à hiberner dans un plaid bien douillet. Alors que la nuit étend son ombre sur nous un peu plus chaque jour, il est temps de regagner nos intérieurs pour cocooner. Les jours raccourcissent et, bientôt, la nuit atteindra son apogée à l'heure du solstice.

L'hiver, temps du rêve et du silence, nous invite à nous reposer après le dur labeur de l'année. Bien emmitouflée dans nos manteaux chauds, nos bonnets et notre petite laine, il ne nous reste plus qu'à bien nous caler dans notre fauteuil préféré pour chiller et se laisser à nouveau rêver ; la boucle est bouclée.

Rester au chaud, s'entourer de calme, de douceur et, comme la nature, ralentir significativement nos activités, pour nous retrouver joyeusement lors des festivités de fin d'année, voilà le programme qui va nous mener jusqu'à Yule et au retour tant espéré de la lumière, notre meilleure alliée.

Astro vibes

Sagittaire

Un voyage à la rencontre de soi

Chère sœurcière, c'est aux côtés de l'énergie solaire du Sagittaire que nous terminons ensemble cette année calendaire. Une période propice à la bonne humeur, à l'optimisme et aux festivités. Porteur de lumière, le Sagittaire nous accompagne à travers l'obscurité des longues nuits pour éclairer de sa magie notre chemin de beauté. Un chemin sur lequel il a à cœur de nous accompagner car il le sait ô combien tortueux pour l'avoir déjà mille fois parcouru.

MA VIE TELLE UNE AVENTURE

Signe de feu, le Sagittaire nous guide avec gaieté et ardeur vers la sagesse car la vie lui a appris que la guidance n'est rien sans l'expérience. Il nous invite alors à voyager, à élargir nos horizons, à faire preuve de curiosité et de passion, à découvrir de nouvelles façons d'être et d'agir. Fort de son expérience d'explorateur, il sait que le voyage intérieur a tout autant de valeur que celui qui nous mène de l'autre côté de l'équateur. Utopiste dans l'âme, porté par un idéal, il nous entraîne joyeusement dans une quête ancestrale : la quête de soi. Avec lui, tout est plus lumineux, magique et merveilleux. Il devient alors plus simple, plus accessible de rencontrer nos zones d'ombre et de mettre en lumière tout notre potentiel. Des ressources personnelles qu'il nous suffit d'activer pour les utiliser avec agilité au service de nos projets.

LA VOIE DU CŒUR ET DE LA JOIE À L'ÉTAT PUR

La saison du Sagittaire rime avec expansion car ses vibrations chaleureuses, joyeuses et bienveillantes nous rappellent que tout est possible et que, si nous pouvons le rêver, nous pouvons le réaliser. Pour cela, nous sommes invitée à développer notre imaginaire et à nous reconnecter à notre énergie vitale, sacrée, celle du cœur et de la volonté. Symbole de vitalité et pourvu d'un enthousiasme à toute épreuve, le Sagittaire chevauche à nos côtés en cette fin d'année pour donner une dernière impulsion à nos projets avant un repos hivernal bien mérité.

♐

Abraca'DIY

Ma bougie rituelle

En prévision de la célébration de Yule, je vous propose de fabriquer votre bougie pour célébrer la lumière retrouvée après la nuit la plus longue de l'année. Sorcière moderne, souvenez-vous qu'allumer une bougie est sûrement le plus simple et le plus puissant des sortilèges s'il est réalisé avec sens et en conscience.

Matériel (pour 4 bougies)

- 180 g de copeaux de cire végétale
- 4 mèches de bougie en bois naturel
- 4 contenants résistant au feu et à la chaleur : tasse, verre, petite coupelle…
- Une cuillère à soupe
- Un bol en verre avec un bec verseur de préférence
- Une casserole
- De l'huile essentielle d'écorce de cannelle
- Des fleurs séchées, de l'écorce de bois et/ou une petite branche de sapin sèche

Fabrication

Installez-vous à votre plan de travail et ouvrez votre cercle de pratiques magiques et créatives. Versez la cire dans le bol en verre et faites-la fondre au bain-marie à feu doux. Une fois que le mélange est fondu, en vous aidant d'un torchon, sortez le bol en verre de la casserole. Ajoutez à votre cire 20 gouttes d'huile essentielle d'écorce de cannelle. Mélangez délicatement avec la cuillère à soupe. Fixez les socles des mèches avec un peu de cire au fond des contenants pour les stabiliser. Versez délicatement la cire à parts égales dans les 4 contenants en vous aidant si besoin de la cuillère à soupe. Quand le mélange commence à blanchir, piquez au bord du contenant vos plantes séchées. Fermez votre cercle et laissez ensuite refroidir à l'air libre pendant au moins 12 heures.

Rituel d'activation

Quand viendra le temps d'allumer votre bougie, à l'heure du solstice, ouvrez votre cercle magique. Face à votre autel d'hiver, récitez :

« Aux portes de l'hiver, que la flamme de cette bougie prenne vie
Que sa magie douce s'active et dissipe l'obscurité
Me voilà prête à célébrer la lumière retrouvée. »

Installez-vous confortablement et prenez plaisir à méditer au rythme lent de la flamme. Une fois terminé ce temps d'introspection, éteignez votre bougie et refermez votre cercle. Il vous suffira de repenser à la magie de ce moment pour éclairer votre chemin dès que vous en aurez besoin.

Semaine 49

DU 5 AU 11 DÉCEMBRE

Ma pensée de la semaine : je prends conscience que le repos est le plus précieux des cadeaux

Dernière ligne droite avant la fin de l'année, c'est le moment de vous préparer à hiberner. Alors qu'autour de vous tout le monde commence à se ruer dans les magasins en prévision des fêtes de fin d'année, je vous invite à résister à cette fièvre acheteuse et à vous concentrer sur l'essentiel : vous ! Offrez-vous le meilleur des cadeaux : du repos ! Vous l'avez bien mérité !

LUNDI 5

MARDI 6

MERCREDI 7

JEUDI 8 ○

MAGIE DU QUOTIDIEN

Le marathon des films de Noël

Les sorcières modernes aiment jouer avec les codes et ce n'est pas parce que Noël a remplacé la célébration de Yule dans nos calendriers qu'elles vont se priver des téléfilms enchantés (ou de sagas comme *Harry Potter*). Comme elles, prenez plaisir à vous installer confortablement devant votre télé pour un moment cocooning privilégié. Laissez-vous rêver au pays des Noëls enneigés.

Notes

WITCHY TIPS

Les p'tits biscuits enchantés

Parfois, la plus simple des magies, c'est de glisser au four des p'tits biscuits. Dans un saladier, versez 250g de farine, 100g de sucre, 125g de beurre et 4 jaunes d'œuf, sans oublier la traditionnelle touche de cannelle, de vanille ou bien encore de cardamome. Découpez avec des emporte-pièces amusants, déposez les biscuits sur une plaque de cuisson et hop! au four à 180°C durant 20 minutes environ.

To do list

VENDREDI 9

SAMEDI 10

DIMANCHE 11

L	M	M	J	V	S	D
28	29	30	1	2	3	4
5	6	7	8	9	10	11
12	13	14	15	16	17	18
19	20	21	22	23	24	25
26	27	28	29	30	31	1

DIVIN'ACTION

La magie de la bibliomancie

Attrapez un livre de votre choix. Fermez les yeux et concentrez-vous sur une situation qui vous pose actuellement problème en tenant fermement le livre entre vos mains. Puis, lorsque votre intention apparaît avec clarté dans votre esprit, ouvrez au hasard le livre et lisez la première phrase qui attire votre regard. Là est le conseil que vous attendiez pour surmonter cette difficulté.

TRACKERS

Joie ○○○○○○○○

Amour ○○○○○○○○

Sororité ○○○○○○○○

Semaine 50

DU 12 AU 18 DÉCEMBRE

Ma pensée de la semaine : je participe au réenchantement du monde, un cadeau à la fois

Ah, la course aux cadeaux, difficile d'y échapper… Sorcière éthique, sachez qu'il est possible d'offrir des cadeaux attentionnés et de qualité en quantité raisonnable. C'est le moment de réenchanter les cadeaux de Noël pour en faire un acte militant, slow et engagé !

LUNDI **12**

MARDI **13**

MERCREDI **14**

JEUDI **15**

MAGIE DU QUOTIDIEN

Slow jusqu'au bout des cadeaux

Pour retrouver le plaisir d'offrir des présents, voici des idées : une écharpe tricotée, un bocal de granola que vous aurez cuisiné, une bougie parfumée fabriquée par vos soins. Soignez la présentation, ajoutez une carte personnalisée, et le tour est joué. Faire des cadeaux maison, c'est une façon attentionnée d'offrir des présents de qualité à celles et ceux que vous aimez. Cela a bien plus de valeur que le prix ou la quantité.

Notes

WITCHY TIPS

La pochette-surprise enchantée

Pour célébrer Yule avec vos sœurcières de cœur, organisez non pas un Secret Santa mais une Secret Witchy Party à la fin de votre célébration. Chacune aura pris soin de préparer une pochette-surprise enchantée qui contiendra une pierre, un bâton de fumigation et du sel de protection en lien avec une intention : courage, créativité, ancrage, intuition, etc. Tirez au sort la destinataire du présent. Soyez reconnaissante pour la justesse du message du cadeau que vous avez reçu.

To do list

VENDREDI **16** ☾ SAMEDI **17** DIMANCHE **18**

L	M	M	J	V	S	D
28	29	30	1	2	3	4
5	6	7	8	9	10	11
12	13	14	15	16	17	18
19	20	21	22	23	24	25
26	27	28	29	30	31	1

DIVIN'ACTION

Offrir un jeu à une soeurcière

S'il n'est pas toujours évident de choisir un jeu pour soi, que dire quand il s'agit d'en offrir ? Si l'envie vous prenait d'offrir l'un de vos jeux, prenez soin d'abord de le remercier pour tout le travail qu'ensemble vous avez accompli, puis de le nettoyer (lui et le livret) avec des fumigations par exemple. Enfin, glissez-le dans une nouvelle pochette que vous aurez cousue (ou achetée) pour l'occasion.

TRACKERS

Joie ○○○○○○○○

Amour ○○○○○○○○

Sororité ○○○○○○○○

Semaine 51

DU 19 AU 25 DÉCEMBRE

Ma pensée de la semaine : en moi j'ai découvert une invincible lumière

Voilà le temps de célébrer Yule, la plus longue nuit de l'année et la lumière retrouvée. Depuis le mois de janvier, vous avez œuvré à vos projets en faisant de vous la sorcière-héroïne de votre vie. Ensemble, nous avons parcouru la roue de l'année et j'aime à croire que cette expérience enchantée vous permet aujourd'hui de voir la magie dans tous les petits détails du quotidien.

LUNDI **19**

MARDI **20**

MERCREDI **21**

JEUDI **22**

MAGIE DU QUOTIDIEN

La magie du Hygge

Art de vivre venu des pays scandinaves, le Hygge vise à créer une atmosphère de vie simple, confortable et chaleureuse avec nos proches. L'hiver est la saison idéale pour s'y initier. Allumez des bougies, des guirlandes, retrouvez-vous autour d'un repas savoureux. Passez du temps de qualité avec vos proches, contemplez les flammes qui dansent dans la cheminée, appréciez la beauté de la nature qui revêt son manteau blanc. Prenez plaisir à être tous ensemble ici et maintenant.

Notes

★ WITCHY TIPS ★

La bûche, symbole de lumière

Si aujourd'hui on préfère la déguster glacée après un bon repas, autrefois, pour traverser sereinement la plus longue nuit de l'année, on brûlait dans la cheminée une bûche que l'on veillait toute la nuit. Au petit matin, on en remisait un bout pour allumer le feu du solstice d'été et l'on répandait les cendres aux quatre coins de la maison pour la protéger. Si vous n'avez pas de cheminée, partez en forêt récupérer une belle branche à déposer sur votre autel et à décorer avec du houx, des bâtons de cannelle et des rondelles d'orange séchées.

To do list

VENDREDI **23** ● SAMEDI **24** DIMANCHE **25**

Noël

L	M	M	J	V	S	D
28	29	30	1	2	3	4
5	6	7	8	9	10	11
12	13	14	15	16	17	18
19	20	21	22	23	24	25
26	27	28	29	30	31	1

DIVIN'ACTION

Vous avez tiré : le Monde

Vous voilà à la fin de votre voyage à la rencontre de vous-même. Symbole de la réalisation d'un projet et de sa réussite, cette dernière carte vous invite à vous célébrer et à vous remercier de cet engagement que vous avez pris avec vous-même en début d'année. Quels que soient les aspects de votre vie sur lesquels vous avez travaillé, le Monde vous rappelle combien il est bon de rayonner lorsque l'on ose être vraiment qui l'on est et que l'on se sent enfin bien alignée.

TRACKERS

Joie ○○○○○○○○

Amour ○○○○○○○○

Sororité ○○○○○○○○

Semaine 52

DU 26 DÉCEMBRE AU 1ER JANVIER

Ma pensée de la semaine : j'ai le pouvoir de créer ma propre magie

Si sur le papier nous arrivons à la fin du calendrier, la roue de l'année continue de tourner. Profitez de l'énergie douce et chaleureuse des festivités pour assimiler toutes les étapes clés que vous avez traversées, célébrer vos accomplissements et d'ores et déjà commencer à rêver à vos futurs projets. Je vous souhaite de continuer à cheminer sur votre chemin de beauté avec amour et un soupçon de magie. Toujours !

LUNDI **26**

MARDI **27**

MERCREDI **28**

JEUDI **29**

MAGIE DU QUOTIDIEN

Un dernier vœu enchanté

Rendez-vous en forêt avec un ruban ou une bande de tissu naturel ainsi qu'un crayon à papier. Après une marche en conscience pour vous recentrer et définir avec clarté votre vœu de fin d'année, trouvez un sapin : il le portera jusqu'au ciel. Asseyez-vous à ses côtés et notez sur votre ruban votre vœu. Ce peut être un souhait pour vous-même, l'un de vos proches, le monde. Nouez-le ensuite à une branche et remerciez l'arbre par quelques offrandes. Enlacez-le et remerciez-le.

Notes

WITCHY TIPS

La chouette, mon alliée pour poursuivre la traversée

Tandis que vous vous reposez et que vous vous préparez à célébrer la nouvelle année, appelez à vous la magie de la chouette pour vous accompagner dans cette belle traversée. Avec sa vision nocturne, elle est aussi le symbole de la sagesse et du changement. Avec elle à vos côtés, vous allez pouvoir continuer à avancer en toute sérénité car la grande nuit de l'hiver est propice au calme, à l'introspection et à la réflexion.

To do list

VENDREDI 30 D

SAMEDI 31

DIMANCHE 1er

Jour de l'an

L	M	M	J	V	S	D
28	29	30	1	2	3	4
5	6	7	8	9	10	11
12	13	14	15	16	17	18
19	20	21	22	23	24	25
26	27	28	29	30	31	1

DIVIN'ACTION

Le tirage de fin d'année

Concentrez-vous sur l'année magique que vous venez de passer, mélangez vos cartes, coupez-les avec la main gauche et tirez les 4 premières d'entre elles. Carte 1 : «le grand défi que j'ai relevé cette année»; carte 2 : «ce sur quoi j'ai bien avancé»; carte 3 : «ce qu'il me reste à travailler»; carte 4 : «le chemin qui s'ouvre devant moi»; puis découvrez la dernière carte du paquet : «un message pour me soutenir pour l'année à venir».

TRACKERS

Joie ○○○○○○○○○

Amour ○○○○○○○○○

Sororité ○○○○○○○○○

Ma roue des lunes de décembre

Chaque jour, complétez votre roue des lunes pour mieux appréhender votre flow de magie au regard de votre cycle menstruel et du cycle lunaire. Soyez attentive à vos ressentis psychiques, physiques et émotionnels.

lunes

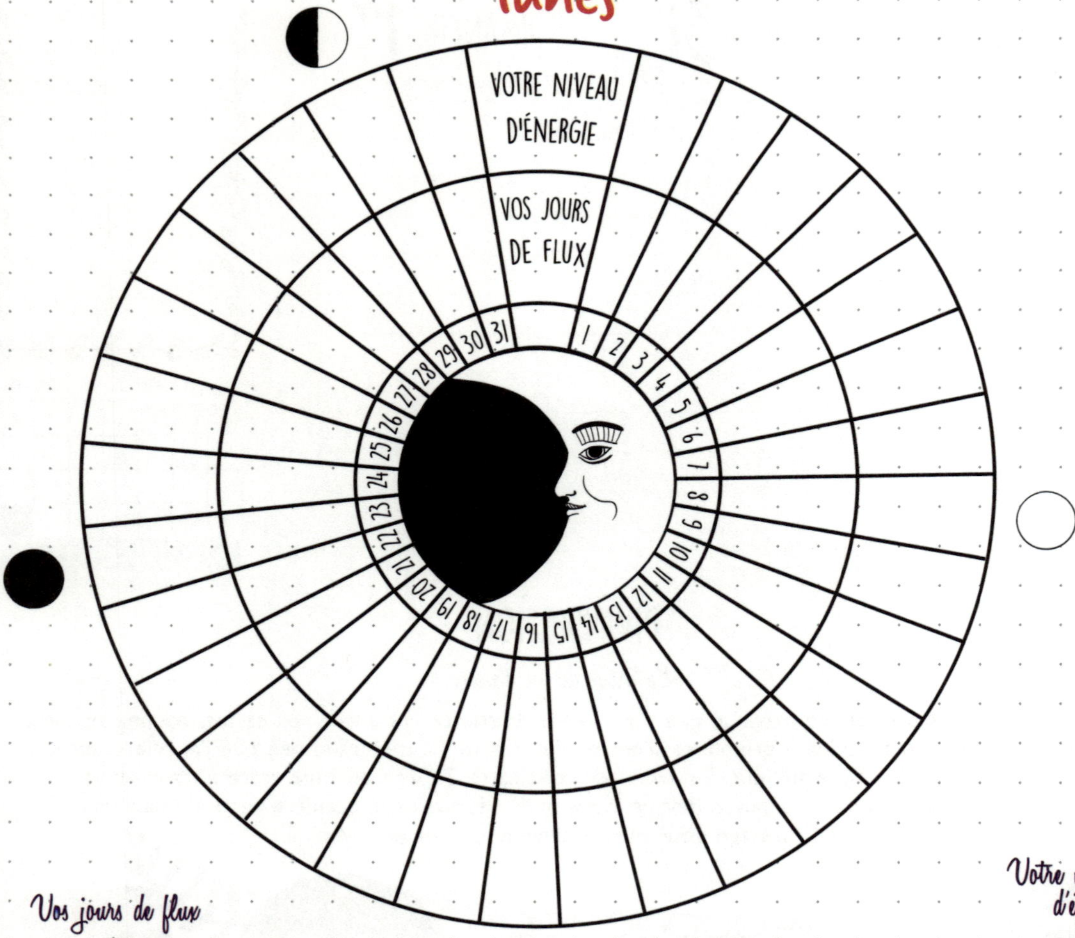

Vos jours de flux

- Faible
- Modéré
- Intense

Votre niveau d'énergie

- Si seulement je pouvais hiberner toute l'année !
- Thé et petits sablés, je suis prête à cocooner
- Opération fêtes de fin d'année enchantées lancée !

Mon grimoire de décembre

Pour enrichir votre grimoire et garder une trace de votre exploration à la rencontre de votre magie personnelle, je vous propose de réaliser 3 activités ludiques, créatives et intuitives.

MON CALENDRIER DE YULE

Sur une nouvelle page de votre grimoire, quadrillez l'espace disponible en 21 cases, du 1er décembre au solstice d'hiver. Chaque jour, en fin de journée, dessinez un symbole de l'hiver pour vous détendre et vous relaxer. Une pomme de pin, une guirlande, une chouette… Prenez plaisir à compter les jours qui vous emmènent jusqu'aux portes de l'hiver et au temps du repos tant convoité.

J'ÉCRIS MON JOURNAL DE SORCIÈRE

Quel rituel cocooning spécial fêtes de fin d'année suis-je heureuse de retrouver?

Comment créer ma propre tradition du solstice d'hiver?

Quel est ce rêve que je n'ai pas pu réaliser cette année et sur lequel je compte bien me pencher l'année prochaine?

MA WISHLIST DE SORCIÈRE

Et si vous transformiez votre traditionnelle liste de cadeaux au père Noël par une wishlist de sorcière? De quoi avez-vous besoin pour enrichir votre pratique magique? Des livres pour étudier l'histoire de la sorcellerie, une améthyste pour purifier vos objets enchantés, un petit chaudron en étain pour vos potions, des graines à semer?

En pratique

- Je m'installe dans un endroit confortable où je ne serai pas dérangée.
- Je pose avec clarté mon intention : «Ma wishlist de sorcière.»
- Je réunis des images et des illustrations qui m'inspirent : magazines, Pinterest, Instagram, etc.
- Je me laisse guider par mon intuition pour assembler tout cela.
- J'ajoute des embellissements selon mes envies : stickers, paillettes, rubans, strass, etc.
- Quand j'ai terminé, je pense à donner un titre à mon tableau et à noter la date.
- Je prends le temps d'observer et d'apprécier le travail réalisé.

Si vous le souhaitez, partagez votre wishlist sur Instagram en mentionnant mon compte : @Le_Boudoir_Creatif. Réponse assurée!

Ma cérémonie 21 décembre

Yule

Aux portes de l'hiver, il est temps de célébrer Yule, la lumière retrouvée après la plus longue nuit de l'année. À compter de cette date, elle se fera chaque jour grandissante. Sabbat mineur de la roue de l'année des sorcières, ce passage marque définitivement une période de relâche après une année à réaliser nos projets. Un temps de jachère où notre silence intérieur va nourrir subtilement nos rêves pour le nouveau cycle à venir. Un temps pour prendre soin de notre terre intérieure et s'offrir tout le repos nécessaire durant les longs mois de l'hiver.

HISTOIRE ET TRADITION

De tout temps, le solstice d'hiver est célébré car il marque l'entrée dans la saison hivernale qui autrefois était très difficile à traverser (obscurité, froid…). À cette époque, une fois les récoltes faites et les greniers bien rangés, on se rassemblait en petit comité pour se soutenir, se remercier, se réchauffer et se distraire en se racontant des histoires et en rêvant à des lendemains plus sereins. Yule est donc un temps de célébration chaleureux, joyeux, festif, où l'on a plaisir à se retrouver.

Aujourd'hui, si les offrandes pour remercier les divinités et la nature se sont transformées en cadeaux au pied du sapin, la tradition de Noël est indéniablement empreinte de la magie de Yule : grand festin, bûche, sapin, cadeaux, bougies, etc.

MA CÉLÉBRATION

Au lendemain de la nuit la plus longue de l'année, regardez le soleil se lever et accueillez le retour de sa lumière dans la joie des premières fois. En douceur, déroulez votre tapis, ouvrez votre cercle magique et réalisez l'enchaînement yogi de la salutation au soleil. Maintenez chaque posture 1 à 2 minutes et réalisez chaque geste avec grâce et lenteur pour accompagner progressivement l'augmentation de votre énergie de vie.

Une fois votre salutation au soleil terminée, prenez plaisir à observer les sensations de chaleur et de détente dans tout votre corps. Sentez comme il est bon pour vous d'être connectée à votre espace du vivant. Lorsque vous vous sentirez prête, fermez votre cercle et reprenez gaiement le cours de votre journée.

Annexes

Les arcanes majeurs du tarot de Marseille

XIII · L'ARCANE SANS NOM

XIIII · TEMPÉRANCE

XV · LE DIABLE

XVI · LA MAISON-DIEU

XVII · L'ÉTOILE

XVIII · LA LUNE

XVIIII · LE SOLEIL

XX · LE JUGEMENT

XXI · LE MONDE

LE MAT

Calendrier 2022

JANVIER

L	M	M	J	V	S	D
					1	2
3	4	5	6	7	8	9
10	11	12	13	14	15	16
17	18	19	20	21	22	23
24	25	26	27	28	29	30
31						

FÉVRIER

L	M	M	J	V	S	D
	1	2	3	4	5	6
7	8	9	10	11	12	13
14	15	16	17	18	19	20
21	22	23	24	25	26	27
28						

MARS

L	M	M	J	V	S	D
	1	2	3	4	5	6
7	8	9	10	11	12	13
14	15	16	17	18	19	20
21	22	23	24	25	26	27
28	29	30	31			

AVRIL

L	M	M	J	V	S	D
				1	2	3
4	5	6	7	8	9	10
11	12	13	14	15	16	17
18	19	20	21	22	23	24
25	26	27	28	29	30	

MAI

L	M	M	J	V	S	D
						1
2	3	4	5	6	7	8
9	10	11	12	13	14	15
16	17	18	19	20	21	22
23	24	25	26	27	28	29
30	31					

JUIN

L	M	M	J	V	S	D
		1	2	3	4	5
6	7	8	9	10	11	12
13	14	15	16	17	18	19
20	21	22	23	24	25	26
27	28	29	30			

JUILLET

L	M	M	J	V	S	D
				1	2	3
4	5	6	7	8	9	10
11	12	13	14	15	16	17
18	19	20	21	22	23	24
25	26	27	28	29	30	31

AOÛT

L	M	M	J	V	S	D
1	2	3	4	5	6	7
8	9	10	11	12	13	14
15	16	17	18	19	20	21
22	23	24	25	26	27	28
29	30	31				

SEPTEMBRE

L	M	M	J	V	S	D
			1	2	3	4
5	6	7	8	9	10	11
12	13	14	15	16	17	18
19	20	21	22	23	24	25
26	27	28	29	30		

OCTOBRE

L	M	M	J	V	S	D
					1	2
3	4	5	6	7	8	9
10	11	12	13	14	15	16
17	18	19	20	21	22	23
24	25	26	27	28	29	30
31						

NOVEMBRE

L	M	M	J	V	S	D
	1	2	3	4	5	6
7	8	9	10	11	12	13
14	15	16	17	18	19	20
21	22	23	24	25	26	27
28	29	30				

DÉCEMBRE

L	M	M	J	V	S	D
			1	2	3	4
5	6	7	8	9	10	11
12	13	14	15	16	17	18
19	20	21	22	23	24	25
26	27	28	29	30	31	

Calendrier 2023

JANVIER

L	M	M	J	V	S	D
						1
2	3	4	5	6	7	8
9	10	11	12	13	14	15
16	17	18	19	20	21	22
23	24	25	26	27	28	29
30	31					

FÉVRIER

L	M	M	J	V	S	D
		1	2	3	4	5
6	7	8	9	10	11	12
13	14	15	16	17	18	19
20	21	22	23	24	25	26
27	28					

MARS

L	M	M	J	V	S	D
		1	2	3	4	5
6	7	8	9	10	11	12
13	14	15	16	17	18	19
20	21	22	23	24	25	26
27	28	29	30	31		

AVRIL

L	M	M	J	V	S	D
					1	2
3	4	5	6	7	8	9
10	11	12	13	14	15	16
17	18	19	20	21	22	23
24	25	26	27	28	29	30

MAI

L	M	M	J	V	S	D
1	2	3	4	5	6	7
8	9	10	11	12	13	14
15	16	17	18	19	20	21
22	23	24	25	26	27	28
29	30	31				

JUIN

L	M	M	J	V	S	D
			1	2	3	4
5	6	7	8	9	10	11
12	13	14	15	16	17	18
19	20	21	22	23	24	25
26	27	28	29	30		

JUILLET

L	M	M	J	V	S	D
					1	2
3	4	5	6	7	8	9
10	11	12	13	14	15	16
17	18	19	20	21	22	23
24	25	26	27	28	29	30
31						

AOÛT

L	M	M	J	V	S	D
	1	2	3	4	5	6
7	8	9	10	11	12	13
14	15	16	17	18	19	20
21	22	23	24	25	26	27
28	29	30	31			

SEPTEMBRE

L	M	M	J	V	S	D
				1	2	3
4	5	6	7	8	9	10
11	12	13	14	15	16	17
18	19	20	21	22	23	24
25	26	27	28	29	30	

OCTOBRE

L	M	M	J	V	S	D
						1
2	3	4	5	6	7	8
9	10	11	12	13	14	15
16	17	18	19	20	21	22
23	24	25	26	27	28	29
30	31					

NOVEMBRE

L	M	M	J	V	S	D
		1	2	3	4	5
6	7	8	9	10	11	12
13	14	15	16	17	18	19
20	21	22	23	24	25	26
27	28	29	30			

DÉCEMBRE

L	M	M	J	V	S	D
				1	2	3
4	5	6	7	8	9	10
11	12	13	14	15	16	17
18	19	20	21	22	23	24
25	26	27	28	29	30	31

Mes notes de sorcière

Carnet d'adresses

L'AUTRICE

Consultante en accompagnement professionnel depuis 2009, Caroline Cressot aide les femmes à mieux se connaître pour mettre leurs talents au service de leur projet d'évolution professionnelle. Qu'il s'agisse d'une séance de coaching ou d'un bilan de compétences, réenchantez votre quotidien professionnel pour réaliser sereinement et en confiance vos projets de vie.
Site internet : CarolineCressot.com

Sorcière créative, Caroline vous invite aussi à découvrir son univers cozy, zen et enchanté. Au programme : créations artisanales et cercle de sorcières zen & créatives au rythme des sabbats de la roue de l'année. C'est l'occasion de se retrouver entre sœurcières pour créer des objets enchantés, pratiquer des rituels et partager vos expériences personnelles.
Site internet : LeBoudoirCreatif.com
Instagram : @Le_Boudoir_Creatif

LES BONNES ADRESSES

Boutique de loisirs créatifs : Cultura, Rougier et Plé, Zodio, Truffaut, Action
Pour vos herbes, vos plantes et vos épices : privilégiez les magasins de produits bios comme Naturéo, les producteurs locaux de votre région et bien sûr, votre jardin ou cueillez directement dans la nature. Pensez toujours à prélever une petite quantité et à remercier la plante pour ses bienfaits.
Pour votre petit outillage magique : regardez déjà dans votre cuisine ce dont vous pouvez vous servir. Au besoin, vous pouvez chiner en brocante et/ou opter pour la seconde main (famille, amis, leboncoin.fr, geev.com, etc.). Pensez alors à bien nettoyer énergétiquement chaque outil avant de l'utiliser (fumigation, eau, sel, terre, etc.). Les artisans indépendants dont je fais partie et les plateformes créatives comme Etsy sont aussi de très bonnes alternatives pour vos objets magiques, vos cristaux, vos talismans, etc.

MON CAHIER MINCEUR
MON CAHIER MINCEUR
MON CAHIER MINCEUR
MON CAHIER MA GROSSESSE ET MOI
MON CAHIER MON BÉBÉ ET MOI
MON CAHIER VENTRE PLAT SPÉCIAL HOMMES
MON CAHIER VENTRE PLAT
MON CAHIER LA DRAGUE ET MOI
MON CAHIER LE SEXE ET MOI
MON CAHIER 100% ANTI-ÂGE
MON CAHIER DÉTOX
MON CAHIER YOGA
MON CAHIER RUNNING
MON CAHIER ABDOS-FESSIERS
MON CAHIER VEGGIE
MON CAHIER MON DRESSING IDÉAL
MON CAHIER BRÛLE-GRAISSE
MON CAHIER PENSÉE POSITIVE
MON CAHIER ANTI-STRESS
MON CAHIER FORME ET MINCEUR APRÈS BÉBÉ
MON CAHIER RÉGIME PALÉO
MON CAHIER PILATES
MON CAHIER BEAUTÉ
MON CAHIER DIGITAL DÉTOX
MON CAHIER STOP AU SUCRE
MON CAHIER SANS GLUTEN
MON CAHIER FITNESS
MON CAHIER MINCIR AVEC LA MÉDECINE CHINOISE
MON CAHIER YOGA DÉTOX
MON CAHIER AQUAFITNESS
MON CAHIER BEACH BODY
MON CAHIER GREEN DÉTOX
MON CAHIER BODY TRAINING
MON CAHIER RÉGIME TOUT CRU
MON CAHIER MÉDITATION
MON CAHIER HUILES ESSENTIELLES
MON CAHIER BOXE TRAINING
MON CAHIER MON CHAT & MOI
MON CAHIER RANGEMENT FEEL GOOD
MON CAHIER TRAIL RUNNING
MON CAHIER YOGA MÉDITATION
MON CAHIER SOFT FITNESS
MON CAHIER BODY MINCEUR
MON CAHIER HAIR BEAUTY
MON CAHIER JOLIE PEAU
MON CAHIER FITNESS FOOD
MON CAHIER DANSE PILATES
MON CAHIER HYGGE HAPPY THÉRAPIE
MON CAHIER YOGA SCULPT
MON CAHIER TATOUAGE
MON CAHIER YOGA FLOW
MON CAHIER OBSTACLE TRAINING
MON CAHIER PERFECT TIMING
MON CAHIER SUPER ORGANISÉE
MON CAHIER MON BULLET AGENDA
MON CAHIER BULLET AGENDA
MON CAHIER MINCEUR HEALTHY
MON CAHIER MINCEUR ZÉRO SUCRE
MON CAHIER STOP SMOKING
MON CAHIER AYURVEDA
MON CAHIER VÉLO TRAINING
MON CAHIER DÉFI VOYAGE SOLO
MON CAHIER HIIT
MON CAHIER CRISTAL POWER